お客様が本当に喜ぶ

「客単価アップ」販売のススメ

up

久保田正恵
masae kubota

同文館出版

プロローグ

私がお客様に〝たくさん売る〟ことを躊躇しなくなったきっかけは、お客様のびっくりするような「買う理由」を知ったことでした。

現在アパレル会社に勤めている私ですが、実は、販売に目覚めたきっかけは、試食・試飲販売の経験からでした。スーパーでウインナーなどを焼いて試食をすすめる方がいらっしゃいますよね？　その仕事が試食・試飲販売です。

私が試食販売をやることになったのは、本当にひょんなことからでした。勤めていた会社の先輩の妹さんが、試食販売の人材派遣会社を経営されていたのですが、当時、人手不足の状態で、明日予定していたアルバイトの学生が急に来られなくなったとのことで、「一日でいいから、お願いしたい」と頼まれ、急きょ私が手伝うことになったのです。

最初は副業に当たるのではと考え、一度はお断りしたのですが、「やったことがないことを、やってみたい」という好奇心と、いつもお世話になっていた先輩の役に立ちたいという気持ちがあり、報酬をもらわない社会勉強のボランティアとしてお受けしたのがきっかけです。

販売初心者の私は、「売れなくてもいいから。立っているだけでいいからね」と、言っていただけていたにもかかわらず、やっぱりやるからには「成功」したいというもの。

しかし、そんな私の気持ちとは裏腹に、まったく売れずに一日が終了。

それなのに、私の唯一と言ってもいい長所、「ばかなほどの一所懸命さ」を評価していただき、「また同じ人でお願いしたい」というお声がかかり、うれしさのあまり「次は、絶対売りたい!」と思ってしまいました(一回だけのはずだったのですが……)。

それからは、依頼された「売る物」を、事前に徹底的に調べ上げることをはじめました(私は突発的な欠員要員のため、何を売るかは、数日前や前日の夜に知ることがほとんどだったのですが）。

たとえば、ワインなら分厚い専門書を図書館で借りて読み、カクテルベースならお酒が強い知人に「どうやって飲んだらおいしいのか？」と聞き、お米なら銘柄の品種改良の種から、特性や炊きたてと冷めた時では味がどう変わるのかなどをネットで検索し、それでもわからないことはメーカーの担当者に直接聞いていました。

売る物の特性、売る場所の特性、売る商品のメリット・デメリット、商品の使い道、使った時の感想などを、とにかく調べました。

なぜなら、小心者ゆえに、商品のことを何も知らずに、お客様から聞かれたことに答えられないかもしれない恐怖に耐えられなかったのです。

試食販売はたったひとりで行ないます。お店に行くのも、準備するのも、片づけるのもひとり。誰も助けてくれる人はいません。お客様からの質問に対してわからないことがあっても、聞ける人は誰もいないのです。

ですから、私が情報を集めた理由は、まずは自分が安心して、売場に立つためだったのです。


一所懸命に勉強したことを、お客様に一所懸命に説明する。

お客様の質問に、精一杯答える。

ただただ、全力で持っている情報を伝えていました。

そうすると、なぜか、ぽんぽんと売れるようになりました。

5キロのお米を一日で138袋売ったり、開店2時間で商品を全部売り切ってしまって売る物がなくなり、午前中で帰ることになったり。


私が何よりびっくりしたのは、商品を複数購入する方がとても多いこと。洋服ならコーディネートで売ることが多いので、それほど驚きはしないのですが、試食販売はひとつの商品しか売らないので、それを何個も購入する意味が正直わからなかったのです。

ビールの箱買いやワインを数本というのはまだ理解できるのですが、カクテルベースを1ダース買われたお客様には、思わず「間違っていませんか?」と聞いてしまいました。

特にまとめて買うイメージがなかったお米の販売で、5キロ入りを2袋、3袋買う方がよくいらっしゃって、「世の中、そんなに大家族が多いのだろうか？」と、本気で疑問に思いました。中には、5袋購入という方もいて、合計25キロを持って帰れるのか心配にもなりました。

そんなある日の出来事です。

お米の販売では、小さなおにぎりをご用意してお客様にご試食いただきます。その日もいつもと同じように、主婦の方、お子様連れの方、ご夫婦など、いろいろなお客様におにぎりをお渡しし、お米の説明をしていました。

あるご年配の女性にご試食いただいた時、「あなたは何時までいるの？　明日もいるの？」と聞かれたので、「私は臨時アルバイトなので、今日一日だけなんですよ。夜の7時までここにいます」と答えました。

するとその女性は、少し困った顔をして、「今日はひとりで来たから、お米を持って帰れないのよ」と申し訳なさそうにおっしゃるので、私は笑って、「いいんですよ。お米は重たいですからね。また買いに来てください。私はおりませんが、このお米は明日も明後日も置いてありますので、大丈夫ですよ」とお伝えしたのですが、その方は、「嫁を連れて、今日もう一回来るから。その時に買うね」とおっしゃって、帰って行かれました。

私は、「お待ちしていますね」と言ったものの、もう一度来るのは手間だろうし、お嫁さんも忙しいだろうし、きっと来ないだろうな、と思っていました。それが、お昼前の話です。

そろそろ夕飯の買い物客が多くなる夕方4時頃。なんと、あの年配の女性がお嫁さんらしき女性の手を引っ張りながら、こちらに向かって来るのが見えました。

そのお嫁さんと思われる女性が、私に向かって声をかけてくれました。

「おばあちゃんがね、お米売場の人に、今日買いに来るって約束したから、絶対に買いに行くってきかなくてね」。笑いながら、そう言うのです。

しかも、「せっかく来たのだから、2袋買っちゃおうかな」とおっしゃるではありませんか。お礼を言って、買い物かごに2袋のお米を乗せ、おふたりに頭を下げて見送りながら、「ありがたい」という思いと共に、「本当にごめんなさい」と思ったのです。

正直、買いに戻って来てくださるなんて思っていなかったからです。年配の女性の言葉を、社交辞令だろうって思っていました。なのにその女性は、約束を守ってくれたのです。そして最後に「ありがとうね」って言ってくださったのです。

うれしい気持ちと、申し訳ない気持ちで、切なくなったのを覚えています。


ほかにも、「売れ残ったら帰れないいんじゃないの?」とか、「どうせ食べるからいいんだよ」「今日は車で来たから大丈夫」「せっかくだから買っちゃうよ」と言って、同じ商品を複数個買ってくださるお客様が大勢いました。

なんでこんなにもたくさんの方が複数個買ってくださるのだろうと思う中で、ふと思ったのです。


私がこの仕事を最初に受けた理由は、「いつもお世話になっている先輩が困っているから手伝いたい」という気持ちからでした。

たくさん買ってくださるお客様は、いつも「ありがとう」と言って帰って行きます。私が、「私のほうこそ、ありがとうございます」と頭を下げると、ニコニコしながら、帰って行かれるんです。

みんな誰かの役に立ちたいと思っている――。

販売員は、お客様の役に立ちたいと思っています。

でも実は、お客様も同じように誰かの役に立ちたいと思っているのです。

販売員が「ありがとうございます」とお伝えした時点で、お客様は「誰かの役に立った」という幸せな気持ちになっていただけているということに気づいてから、私はたくさん売ることに対して、躊躇がなくなりました。

販売員はお客様の役に立てたことでうれしくなる。

そして、喜んでいる販売員を見て、お客様は喜んでくださる。

そのために、いろいろなご提案をして、必要だと思うものをたくさん買っていただくことは、お互いを幸せにする行為だと思っています。

たくさん売ることに躊躇する。罪悪感を持つ。それは普通の感覚だと思います。
でも私は、お客様に感謝されるだけの知識と商品をお渡しして、お客様が喜んでくださるよう精一杯尽くしたなら、そんな罪悪感を持つ必要はなく、さらにお客様に精一杯の感謝を伝えられたなら、お客様だって感謝の気持ちを伝えてくださると思っています。売ることとは、商品と代金の交換だけではないのです。
「感謝の交換」。たくさん売るほどたくさん「ありがとう」が交換できるのです。

日本の人口が減り、お客様の人数自体が少なくなっている現代、どう考えたって客数を増やすのは難題です。お客様だって、たくさんあるお店のどこで買うか、その理由を求めています。だからこそ、商品と代金の交換だけでなく、そんな感謝の交換ができるお店で買っていただきたいと思うのです。

それは、販売という仕事に携わる中で最高に幸せなことなのだと思います。

私は、販売という仕事が大好きです。販売は、精神的にも体力的にもとても大変な仕事ですが、それでもやっぱり大好きだと思えるのは、こんなにも直接的に感謝される仕事はほかにないと思うからです。

お客様がまた次回、あなたに会えるかどうかなんて、わかりません。

出会ったその日を大切に考えたら、その日、その時間、できる限りのご提案をして差し上げることや、たくさん売ることに、躊躇する必要なんてないのです。

精一杯のご提案で、お客様から最高の「ありがとう」をたくさんいただける販売員になりましょう！

そして、自分からも最高の「ありがとうございます」をたくさんお伝えできたら、幸せですよね。

本書を読まれた皆さんが、そんな販売員になることを願っています。

お客様が本当に喜ぶ「客単価アップ」販売のススメ◎目次

CHAPTER 1
販売員の仕事は、お客様に満足な買い物をしてもらうこと。「客単価アップ販売」のススメ

CHAPTER2

お客様のニーズチェックは「来店」からはじまっている

CHAPTER 3

悩ませるか？　選ばせるか？　それは、あなたの見せ方次第で決まる

CHAPTER 4

目の前のお客様だけの「似合う」を伝えて、新たな満足を味わっていただこう

CHAPTER 5

本当のサービスは、目の前のお客様をただ大切にすること。それが客単価アップにつながる

CHAPTER 6

つらいのは販売員だけ？
お互いが最高に幸せになる客単価アップ接客

CHAPTER 7

さらに客単価アップ！
意外と気づかない、お客様があなたからもう1点買いたくなる接客

カバーデザイン　池田香奈子
本文デザイン・DTP　マーリンクレイン

CHAPTER 1

販売員の仕事は、
お客様に満足な買い物を
してもらうこと。
「客単価アップ販売」のススメ

あなたの「満足な買い物」とはどんな買い物？

客単価アップのための方法は大きくふたつあります。

①ひとりのお客様にたくさん買っていただく（複数購入）
②より高いものを買っていただく（1点単価アップ）

しかし、どちらもお客様が満足する買い物ではない、と皆さん思っていませんか？

だって、お客様はたくさん買いたくないから。
だって、たくさん買ってくれるお客様は少ないから。
だって、お客様は安いものを買うほうが喜ぶから。

このように思っているのではないでしょうか。

では、あなたがスーパーやコンビニのレジに並んでいる時を想像してみてください。あなたやあなた以外のお客様のかごの中にあるのは、必要最低限のものばかりかと言うと、意外とそうでもないのではありませんか？　かごの中には、目についた新商品だったり、自分へのご褒美だったり、たまのご馳走だったり。

そして、そういうものを買った時ほど、買い物が楽しかったりするんですよね。

そう。**たくさん買ったり、高いものを買ったりした時ほど、実はウキウキする満足感の高い買い物になる可能性が高いのです。**

では、ここから「満足感が高い買い物」と客単価アップの方法を合わせて考えてみましょう。

①ひとりのお客様にたくさん買っていただく

たとえば、あなたがなんとなくふらっと入ったお店。いろいろ見てみたけれど、何も買うものがなく、そのままお店を出た時の気持ち。

一方、自分にぴったりの商品があって、さらにそれにとても合うアイテムがあって。販売員がとても親切で、いろいろな着こなしを教えてくれて。どうせなら一緒に買っちゃえと、コーディネートで買い物した後の気持ち。

どちらが、満足していると思いますか？

ほとんどの方が、**コーディネートで購入した買い物のほうが満足できている**と思います。なぜなら、気に入った洋服が着こなしと共に手に入ったからです。

複数買いではなく、「1枚を買う」という行為が悪いわけでもないですし、それだってうれしい出来事ですが、より満足していただくためにはコーディネートで購入するほうが効果が高いのです。

②より高いものを買っていただく

値段で悩むお客様には、安いほうをおすすめしたくなりますよね。でも、お客様は、本当に買えない金額のものに対して、購入を悩んだりしません。なぜなら、悩んでも買えない状況は変わらないからです。

ですから、**「悩む」というのは、購入できる可能性がある**ということ。

たとえば、いつも行くコンビニのスイーツもおいしいけれど、有名パティシエのお店で買うケーキは、やっぱりドキドキ感や満足感が違うと思うのです。いつもは高くて買えませんけれど。

この「いつもは買えないけれど」というのがポイント。

「いつもは買えない」は、「買えない」のではないのです。特別な時など、何かしら理由があれば、「買える」ということです。

そして、**「いつも」じゃないからこそ、買う時の満足度が高くなります。**

皆さんも、値段が高くて「欲しいけど、買えない」と、さんざん悩んだり、人に相談した上で、「もうすぐ誕生日だし」などと理由をつけて、やっと決断し買ったものがあるのではないでしょうか。その時の、ものすごくうれしくて、満足した気持ちを思い出してみてください。

どこかで買い物をする時、あなたも立派なお客様。それなのに、なぜかお店に立つと、販売員目線でしか、お客様を見られなくなってしまっていませんか？

改めて、〝お客様〟として、「本当に満足するお買い物ってなんだろう？」と考えてみましょう。

お客様が来店される時の気持ち

少し想像してみてください。あなたは、ショッピングモールを見てまわっています。入口付近の商品が気になり、初めてのお店にふらっと入ってみました。そんなあなたを、店内のスタッフが一斉にじっと見てきました。

その時、あなたはどんな気持ちになって、どんな行動を取りますか？

きっと、そのまま くるっと入口に戻って、さーっと風のように帰ってしまう人が多いのではないかと思います。

なぜかと言うと、「接客されそう」と思ったからではないでしょうか。ではなぜ接客されそうになると帰ってしまうのでしょう。それは、**世の中のほとんどの方が接客されることに慣れていない**からなのです。

誰だって、**慣れていないことをするのは緊張する**ものです。ではなぜ、緊張するのでしょうか?

それは、「わからない」「知らない」からです。

初めての場所で、何かわからないものを、知らない誰かが売っている。

こうやって文字にすると、お客様がどれだけ不安に感じているかわかると思います。だからこそ販売員は、お客様の不安を和らげるために、お声をかける必要があるのです。

接客に慣れていないお客様のために、入店されたのを確認したら、一呼吸置いて、「いらっしゃいませ」や「こんにちは」など、挨拶の言葉を伝えます。**大声で言う必要はありません。**軽く目線を合わせて、頷きながら、聞こえる程度で言う。それだけです。

目線はすぐに外しましょう。じっと見ているのは威圧感しか与えません。作業しながら、さりげなくお客様を見守り、場に慣れていただく時間をつくり、お客様の意識が、〝知らない場所〟から〝知っている場所〟になるまでの時間を置くのです。

これが、客単価アップと、どんな関係があるのかと思われるかもしれませんが、何かを買うという行為は、「信頼」から生まれます。信頼されると、たくさん買っていただけたり、高い商品を買っていただける可能性が高くなります。

声をかけて無視されてもいいのです。そのままお店に残ってくださっていたら、それは「商品に興味がある」サインです。安心して商品を見ていただけるよう見守りましょう。

お客様は、接客に慣れていないだけで、接客されたくないわけではないのです。

実際に、今、**ネットショップのチャット接客に来る質問の3割は「コーディネート」の質問**だと言われています。

お客様はコーディネートを知りたがっているし、教えて欲しいと思っているのは事実なのです。だから、ドキドキしながら入店してくださったお客様に、まずは安心を与えること。声かけは、そのためです。

そのさりげない声かけが、買い物の楽しさをお客様に感じていただける機会を増やす最初の一歩なのです。

客単価アップの3つのポイント

客単価アップのポイントは3つです。正直、この部分を伝えられたら、本書の目的はほぼ果たしたと言っても過言ではありません（でも、この3つを踏まえた内容を全体に散りばめていますので、ぜひ最後まで読んでください）。

その3つとは、

①商品知識
②観察
③実際に合わせて見せる

たった、これだけです。

「え？　そんな簡単こと？　当然のことじゃない」と思うかもしれませんが、これらがきちんとできているか、一度見直してみませんか？

①商品知識

商品知識には、基本的な知識（素材特性や、取り扱い方法など）と、商品一つひとつにある独自のポイントがあります。

プロローグでお話ししましたが、私は商品情報がないと販売できないタイプです。逆に知識さえあれば、自信満々で商品をおすすめできるようになります。

それは、商品知識があると、お客様の質問に対して、お答えできる自信がつくからなのです。

たとえば、お客様が１枚のニットを手に取り、「これは家で洗えますか？」と聞かれたとします。

そのニットが洗えると知っていたら、笑顔で「ご自宅で洗っていただけますよ」と即答できますよね。

もしも、洗えるかどうか、すぐにわからなかったとしても、あなたが洗濯表示を勉強していたら、洗濯表示を探し、お客様にお見せしながら、「ご自宅で洗っていただけます」とお伝えすることができます。

でも、洗えるかどうかもわからず、洗濯表示も理解していない場合、せっかくのお客様の質問に答えて差し上げることができません。

そんな販売員を、お客様は信頼してくれるだろうかと思うのです。

さらに、商品知識があるというメリットは、質問に答えられる答えられない以上に大事なことがあるのです。

それは、**販売員に「自信があること」、そして、「不安がないこと」。**

聞きたいことがある時、不安そうな人に「質問してみよう」とは思いませんよね。

誰もが、なんとなく自信がありそうだと感じる人に、質問したくなるのではないでしょうか。


特に、高額品であればあるほど自信と知識が必要になってきます。

もし、高い買い物の代表格である車の営業が、おどおど不安そうにしていて、質問しても「よく、わかりません」と言ったら、きっとその販売店では買わないと思いませんか。

客単価アップのひとつの方法である「1点単価を上げること」、そのためにも、自信を持っておすすめできるだけの知識が必要なのです。

②観察

観察は、お客様を知るツールです。

まだお客様と会話ができていない時でも、しっかり観察することで、**お客様の好みや、お客様の傾向がわかり、どういった会話をしたらいいのか、何をおすすめしたらいいのか、どういう対応が喜ばれるのかを、前もって考えることができます。**

これが自然にできるようになると、お客様からの「ほかに何かおすすめはありますか?」という、最高にうれしい質問を投げられた時にも、余裕の対応ができるようになります。

そのために、特にお客様の嗜好がわかるように、持ち物を観察しましょう。好きなブランド、好きなスタイル、好きな色などを見極めるくせをつけるのです。

コツは、**あくまでもさりげなく**。〝ガン見〟はNGです。

③実際に合わせて見せる

たとえば、「このスカートに、ブルーのブラウスって合いますか？」と、お客様に聞かれた時。「合うと思いますよ」「多分合います」と答える販売員を見る度に、「何を根拠に？」と、残念に思ってしまいます。お客様が、とてもいい球を投げてくれているのに、なぜそれをスルーするのだろうと。

お客様が投げてくださったボールをしっかりキャッチして、さらに情報をプラスして返してあげる。そのためには、「実際に合わせて見せる」ことが大事なのです。

具体的に言うと、「合わせたいブルーのブラウスをお持ちなんですか？」とまずは聞く。お持ちだとしたら、「お持ちのブラウスのブルーって、どんな感じのお色ですか？」とお聞きして、似たような色のブラウスを実際に持って来て、悩まれているスカートと実際に合わせてみる。

そして、「合いますね。きっと、このスカートのこの部分がブルーのブラウスと相性がいいんですよね」という風に、実際に感じたことや合う理由をお伝えします。

さらに、「このスカートにお手持ちのブルーのブラウスを合わせるのであれば、その上に羽織るカーディガンはこの色がおすすめです」と、素敵に見えるもう1枚をご提案できたらいいですね。もちろん、実際に合わせて一緒に見てもらいましょう。

実際に見てもらうことで、格段に買った後を想像しやすくなります。

視覚というのは、人の感覚の8割を担っていると言われます。言葉で伝えるよりも、「実際に合わせて見せる」というのは、ものすごく効果的なのです。

まずは、この3つを意識してみると、客単価アップのコツがつかめてくるでしょう。

●・・・・・・●

「安いから」は、お客様にも自分にもかわいそうな売り方

「使わないものを買うのはもったいない」。この、誰もがわかる冷静な判断を、軽く吹っ飛ばすのが、「セール」「値下げ」「特価」です。

着るかもしれない。
食べるかもしれない。
使うかもしれない。

このように**「〜〜かもしれない」で買うものは、価格に大きく左右されます。**そして、このような購入理由が発生するのは、ほとんどがセールの時。

安くて、いいものが買えれば、それに越したことはありません。

しかし、**どうしても妥協する部分が出てきてしまいがちなのも、セール品や安価な**

商品。

サイズがちょっと大きいけど、これくらいなら大丈夫かな。
賞味期限ぎりぎりだけど、買ったら誰か食べるかも。
もしかしたら、使うかもしれないから買っておこうかな。

こんな理由で買うくらいなら、価格が少し高くても、絶対着る、絶対食べる、絶対使うものを買ったほうが確実にいい買い物です。

これは、「定価で売りたい」という販売員目線のように感じるかもしれませんが、**「賢い買い物をして欲しい」**という、消費者へのプロ目線からのご提案です。

たとえセールであっても、絶対使うだろうと思うものをおすすめする。セールでぴったりのものがなかったら、値下げしていない商品でもおすすめする。そして、**セールであっても、価格だけで売らずに、きちんと提案する**ということが大切です。

これが、結果的に客単価アップにつながります。

ありがちなのが、「お買い得になっていますよ」「セールになったばかりです」と、値段が下がったことだけを押す接客。

「セール」「特価」という言葉に弱い人は多いので、一概には間違いではないと思うのですが、価格だけで買った商品は、結局着なかったり、使わなかったりと、「がっかりな買い物」になることが多いのです。

それは、お客様に対してとても不親切なのではないかと思っています。

「安いから」というだけで、お客様におすすめして売るのは、お客様への**全部のサービスをそこでやめてしまっている**気がするのです。販売員がいる意味がなくなってしまいませんか?

セールだからこそ、着こなしを含めたコーディネートでおすすめするなど、より価値のある接客ができれば、お客様にとってこんなお得なことはないと思います。

あなたが「もう1点」をおすすめできない理由

もう1点がおすすめできない販売員はたくさんいます。

そして、優しい人ほど、もう1点がおすすめできません。

どうしてもう1点をおすすめしないのか聞いてみると、

「お客様が嫌がると思うから」

「決まった1点がキャンセルになったら嫌だから」

という回答が多く出てきます。


「お客様が嫌がると思うから」と答える販売員はたいていい、

「自分が、もう1点をおすすめされたら嫌だから」

と思っていることが多いようです。

だとすると、最初の1点だって、おすすめできないのではないかと思いませんか？

なぜ最初の1点はよくて、2点目はダメなのでしょう。

もしかすると、「1点くらいだったら買ってくれるだろう」という気持ちや、「もう1点をおすすめするのは押し売りみたいで嫌われそう」という思い込みがあるのではないでしょうか。

「決まった1点がキャンセルになったら嫌だから」というのも、「1点くらいは買って欲しい」というこちらの勝手な希望です。

もちろん、そんな販売員の気持ちもわかります。いろいろ見せているうちに、お客様の気が変わって、「今日は、やっぱり買うのをやめておきます」と言われたらショックですものね。

でも、**買っても買わなくてもいい、記憶に残らない買い物をしてもらうのではなく、もう1点をご提案することで、記憶に残るよりよい買い物にしてもらったほうが、結果的にお店のファンになっていただき、再来店いただけるようになる**のではないでしょうか。

私たちは、お客様に商品をご紹介するのが仕事です。**買うか買わないかは、お客様が決めること**です。

さらに、あえて言ってしまいますが、そこまで**あなたがお客様の買い物に責任を持つ必要はないのです。**

そこに責任を持とうとするから、優しい販売員はもう1点が伝えられなくなるのです。

買うか買わないかの決定権は、お客様の大事な楽しみです。これを奪っちゃダメですよね。

目の前のお客様が、「どのくらい買い物をしたいか」の本当のところは、お客様にしかわからないのです。

嫌がられているのに押しつけるのは押し売りですが、「こんなものもありますよ」とお見せするのは、押し売りではありません。

もっといいものを見つけてもらえるチャンスとも言えます。

「もう1点」をおすすめするのは、お客様に買い物の「決定権」を最大限に楽しんでもらえるサービスなのです。

お客様の財布の中身を探るのは誰のためですか？

「もう1点」をおすすめするのに躊躇する方は、お客様が嫌がると思っているからだと、先ほどお伝えしました。同じように、高い商品をおすすめするのも、お客様から嫌がられると思っている方が多いようです。

「なぜお客様が嫌がると思うのか」というところを突き詰めると、「お客様はたくさん買えないから、たくさんおすすめするのを嫌がるはず」「お客様は安いほうがうれしいから、高い商品をおすすめするのを嫌がるはず」と、考えている人が多いようなのです。

しかし、それはお客様に対して、

「この人はこれくらいしか買うお金を持っていないだろう」

と思っているようなもの。

これは、かなり失礼な話ではないでしょうか。

人には少し奮発したい時があります。

- 自分へのご褒美
- 大切な人へのプレゼント
- 特別な一日のサプライズ

そんな時に買い物に出かけて、「そんなにお金を持っていないだろうから、安いものをおすすめしよう」とか、「たくさん買うお金は持っていないだろうから、ひとつだけお見せしよう」なんて思われていたとしたら……、かなり切ないですよね。

そんな意地悪な気持ちでお客様を見ている販売員はいないと思いますが、「お客様のことを思って」と考えている人は少なくないのではないでしょうか。

でもそれは、本当にお客様のためですか？

「思い切ってお買い物しよう！」と意気込んで来たお客様だったら、そのワクワクした気持ちをがくっと下げてしまうことになりかねませんか？

誰もお客様のお財布の中身なんてわからないのです。

そして、**それを探る必要もありません。**

なぜなら、買い物の決定権はすべてお客様にあるからです。

お金があっても買わない選択もあります。その時、お金がなくても後日買いに来る方だっていらっしゃいます。私達販売員がするべきことは、お客様のお財布の中を心配することではなく、よりよい買い物のお手伝いをすることです。

「もう1枚を買うのは無理だろう」「こんなに高い服は買ってもらえないだろう」と思いながら接客するより、「何が一番、お客様に喜んでもらえるかな？」と考えたほうが、より売れます。

お客様のお財布の中身を気にして接客するのではなく、「もしかして、買ってくれるかも？」と期待して、お客様と最高に楽しい買い物の時間を過ごしたほうがいいですよね。

あなたから買わなかったお客様は、どこかで買っている

あなたがお客様を接客して1点購入していただき、ほっとしてお見送りした後、お客様がすぐさま隣のショップに入って行き、商品を選んでいるところを見たことはありませんか？

まったく別のアイテムやテイストの違う商品を探しているならまだしも、「うちにも似た商品はありますよ！」と言いたくなるものを手にされているのを見ると、少し落ち込みます。

買うか買わないかはお客様次第とはいえ、それは、お客様にしっかりおすすめした後の話。**おすすめしていなければ、お客様の「買う」「買わない」の選択肢にも入れてもらえません。**

そして、やはり思うのは、お客様にもう1点おすすめするのに、躊躇する必要はないということ。

お客様のお財布の中を心配して、お客様に嫌われたくなくて、「もう1点」をおすすめせずにお見送りしたのに、そのお客様が、別のお店でうちにもありそうな商品を買われている。

それはつまり、**「もっと買い物をしたかった」というお客様の気持ちを汲んであげられなかった**ということになるのです。

お客様を心配するのであれば、「もっと見たいものがあるんじゃないか」「もっとお試しいただけるものがあるんじゃないか」「お客様が思ってもみなかったような、でも実は欲しいものはなんだろうか」と、どうしたらお客様に買い物を目一杯楽しんでいただけるかを心配し、考えましょう。

お客様は、買い物によってちゃんとお金を使い分けていらっしゃいます。

食事にはこれくらい、洋服にはこれくらい、さらにこのお店ではこのくらい、という風にです。

そして、「このお店ではこのくらい」というハードルを越えるのは、やはり販売員の一言だったり、おすすめだったりするものです。

心配しなくても大丈夫。お客様はあなたから買わなくても、ほかのお店で買っています。だから、もう1点おすすめすることに、躊躇する必要はないのです。

CHAPTER 2

お客様のニーズチェックは「来店」からはじまっている

適当に声をかけて、返事をしてくれるなんて妄想です

誰もが、道でティッシュ配りをしている人に声をかけられたことがあると思います。また、ショッピングモールの無料ウォーターサーバーとか、家電量販店のくじ引きなどでも声をかけられますよね。

そういった場所で声をかけられた時、どういった対応をすることが多いですか？丁寧に毎回、話を聞いているという人はほとんどいないと思います。多くの人が無視するか、ティッシュやサンプルだけ受け取って立ち去るというパターンではないでしょうか。

見ず知らずの人から急に声をかけられて、笑顔で対応する人なんてまず見かけませんよね。

そう考えると、初めてお店に入店してきたお客様（いわゆる新規客）に、単に「い

らっしゃいませ」とか「こんにちは」と声をかけても、反応してくれるわけないと思いませんか？

先にお伝えしたように、**見ず知らずの人から急に声をかけられて、笑顔で対応する人なんて稀です。**

しかも、ティッシュもサンプルもお渡しせず、挨拶だけしてくる人に丁寧に返してくれるような人はいないと思ってください。

新人販売員は、「声をかけるのが怖い」とよく言います。

その理由を聞くと、「無視されるから」とのこと。

「では、あなたは道でティッシュを配っている人に、毎回ちゃんと挨拶しているの？」と思うのです。

返事をしてもらいたいのはこちらの希望であって、お客様には義務も責任もないことです。返事をしてくれないからといって、いちいちへこむ必要はありません。

へこむのは、期待しているからです。

声をかけたら、笑顔で返してくれるだろうという期待。
お声かけに対する返事への期待は、持つとがっかりするだけですから、この際、手放しましょう。

お客様に声をかけて、笑顔を返してくれたら「奇跡」。

そのくらいに思っていたほうが、無視されても何も思わないで済みますし、もし返事をしてくれたら、「奇跡が起きた！　やったー！」というテンションで喜べます。

そうは言っても、できたら反応して欲しいもの。お客様の入店時の声かけには、テクニックがたくさんあるのですが、最も効果的なのは、**とにかく声をかけることです。**

無視されようが、冷めた目で見られようが、とにかく声をかけること。
そうすることで、タイミングや声かけの方法が自然とわかってきます。

書籍でテクニックを紹介するのに、「実践あるのみ」とだけ書くのもはばかられますが、本を読んだり、人に聞いたことが、実際に目の前で起こると、すごく理解が早まるものです。

実際にやってみて、「こういうことか」と思うことが、本当の意味での理解だと思いますし、理解して納得することで「じゃあ続けてみよう」と思えるようになります。

声かけに関しては、本当に、回数をこなした人の勝ちです。

当たって砕ければ、砕けた分だけ、声かけのテクニックがぐんと上がります。へこまずに、「さ、次行こう!」と思うことが大事です。すると、気軽に声をかけられるようになってきます。

最初の声かけが躊躇なくできるようになると、客単価アップのおすすめも躊躇なくできるようになります。

なぜなら、最初の声かけのほうが、もう1点をおすすめするよりハードルが高いからです。

そのためにも、ぜひお客様へ声をかけ続けてください。

だんだんと奇跡だったことが、日常になってきます。

あなたが声をかけることで、ほっとする人がいること、知っていますか？

お店にいると、いろいろなことを聞かれますよね。

私の場合、一番多いのが「レジはどこですか？」。ほかにも、トイレの場所や、わかりづらい場所にありがちな寝具売り場をよく聞かれました。

一方、自分がお客様としてお店に行った時、聞きたいことがある時に限って、店員さんがいないということはありませんか？

お客様からしたら、こんな時こそ、「何かお困りですか？」と声をかけて欲しいですよね。

そう、お客様が声をかけて欲しい瞬間は少なからずあるのです。

だからこそ、砕けても砕けても、声をかけ続けて欲しい。なぜかと言うと、声をかける回数が多い販売員は、そういった「何かに困っている」「商品を探している」お客様に当たることも、必然的に多くなるからです。

これは本当にすごいチャンスです。**困っているお客様からしたら、声をかけてくれたあなたはほっとする存在。そこで問題を解決してくれたら、信頼が生まれます。**

レジの場所を探しているお客様をレジまでご案内しようとしたら、ギフトの相談をされて、売上につながったり。

お子様のトイレを探されているお客様を、急いでトイレにご案内したら、後から戻って来て購入してくださったり。

これらは実際にあった話です。

もちろん、聞かれたことにきちんと対応しても、何もないことのほうが多いのですが、少しでも売上につながるチャンスがあれば活かしたいですよね。

ある販売スタッフの話です。お客様が、Tシャツを買いに来られたそうなのですが、なんの変哲もない普通のTシャツを探していらっしゃったので、思わず「それだったら、もっとお安く売っているお店もございますよ」とお伝えしてしまったそうです。

すると、お客様はこう言われたそうです。

「あなたは前に、私が靴下を探していた時に声をかけてくれて、自分のお店でもないところまで連れて行ってくれて、一緒に選んでくれたでしょう？　だから、何か買い物をする時は、あなたに相談して買いたいと思ったの」

通常考える客単価アップは、1点の価値を上げてより価格の高い商品を買っていただく、一回の買い物でたくさん買っていただく、ということになりますが、ただ、**「何度も足を運んでいただき、年間でどれだけご購入いただけるか？」というのも、年で捉えた客単価だと考えることができます。**

そう考えると、困っているお客様にお声をかけて、信頼していただくきっかけをつくり、あなたを信頼してくれることで、何度も足を運んでくださる。それも、客単価アップにつながっていくと思うのです。

忙しい時に、まったく自分とは関係のない質問に答えることは、ストレスに感じるかもしれません。

それならば、よく聞かれる質問は、あらかじめわかりやすく伝えられるように、回答をスタッフで共有しておくとストレスなく対応できますよ。

「忙しくてできない」と考えるより、「どうしたらできるか」「どうしたら、楽に、お客様をお待たせせずにできるか」を考えてみてはいかがでしょうか。

●・・・・・・●

観察は、声をかける前からはじまっている

皆さんは、お客様がお店に入って来た時に行なうファーストアプローチ（「いらっしゃいませ」という声かけ）が接客のスタートだと思っていませんか？

実は、それはスタート地点ではありません。

接客のスタートは、客単価アップのコツでもある「観察」からです。

その観察は、**お客様が入店してからではなく、入店する前から**はじまります。

入口が狭くて、お客様が入店してからしか観察できないお店の場合は、お客様が入店して、すぐに触った商品、もしくは目線を投げた商品を観察しましょう。

入店してすぐのお客様は、お声かけするタイミングを計るために、見守っている販売員も多いと思うのですが、ただ見守っているだけじゃもったいないです。

なぜなら、お店に入った瞬間のお客様の動向は、お客様の一番欲しいものに向けられているからです。

特に、**最初に触った商品は、一目惚れ商品であることが多いものです。**

それは、「理由は特にないけれど、お客様が欲しいと思った商品」です。

この「理由は特にない」というところがミソなのです。

旅行用の大きなキャスターバッグを探しに鞄屋さんに行ったとします。そんな時に、旅行には必要ないけれど、すごく好みのショルダーバッグが見えた。

あなただったら、どうしますか？　そのショルダーバッグには目もくれず、キャスターバッグだけを探すという人よりも、なんとなくショルダーバッグも見てしまうという人が多いのではないでしょうか。

客単価を上げるためのプラス1点の提案には、必要なものをおすすめするだけでなく、**「必要なもの＋今すぐ必要というわけではないけれど、あったらうれしい、好みのもの」を最後におすすめする方法**があります。

その、お客様にとってあったらうれしいものを見つける手段が、お客様の「一目惚れ商品を知る」ということなのです。

お客様がお店に入った時は「何があるかな」という心境ですが、時間が経つにつれて「必要なものはどれかな」に変わってきます。

「必要なものはどれか」という気持ちで探し出すと、どうしても今現在必要なものが優先され、お客様の「今すぐ必要というわけではないけれど、あったらうれしい、好みのもの」がわかりづらくなるのです。だから、入店前からの、もしくは入店してすぐの観察が大事なのです。

先ほどの話ならば、お客様がお探しの大きなキャスターバッグを、泊日数や旅行先、条件や好みなどをお聞きして、購入が決まった時、すぐにお会計するのではなく、そこから、お客様の「一目惚れ商品」をご紹介するのです。

「お客様。今回はご旅行のキャスターバッグをお探しとのことでしたが、最後にこちらのショルダーバッグをご覧になってみませんか？　今日のコーディネートに合わせていただくと、とても素敵だなと思ったのでどうしてもお見せしたくて。こういったバッグは、お好きですか？」

と言いながら、入店してすぐにご覧になっていたショルダーバッグをお持ちするのです。

すると、たいていのお客様は「こういうの、好きなんです！」とか「なんで、私の好みがわかったんですか？」とびっくりしたように言われます。

しかしながら、それから続く言葉は、大抵「でもね」から続く買わない理由です。

ちらっと見たものの、「買おう」と選ばれていない時点で、何かしら買わない理由が必ずあります。

・似たようなものを持っている
・今日は買うつもりじゃない
・色や形は好きだけど、使いづらそう

など、これらの買わない理由は、商品をお持ちしたからこそ聞けた大切なお客様情報です。お客様が買うのを躊躇されている理由は、なかなか聞けないものですから。ぜひその情報を有効活用して、お客様が気になっている点を解決する提案をしてみましょう。

・「似たようなバッグを持っている」と言う方に
「似たようなバッグをお持ちなんですね。だからお似合いになるんですね。だったら、こちらも使っていただけそうな気がします」

・「今日は買うつもりじゃない」と言う方に
「今日は買うつもりじゃなかったんですね。だったら、やめておきましょうか。でも、こちらのバッグもご旅行のサブバッグとして、しっかり使っていただけると思いますよ」

・「色や形は好きだけど使いづらそう」と言う方に
「色や形はお好きなんですね。素敵ですものね。ちょっと使いづらそうに見えますが、意外とマチがしっかりあって、でも重くないんですよ。よかったら、持ってみませんか?」

ご紹介しているのは、お客様の「一目惚れ商品」ですから自ずと会話が弾みますし、お客様の抱えていた**「でもね」という不安や問題点を解決できたら、「だったら買っちゃおうかな」という気持ちに変わることが多い**のです。

入店してきたお客様の目線や触った商品を確認しながら、「いらっしゃいませ」とお迎えできれば、この時点で「もう1点」をおすすめする情報量が格段にアップします。

ぜひ、お客様の「一目惚れ商品」を見逃さないでくださいね。

お客様に質問した。その後の対応が大事です！

あるお店に入った時のことです。「お客様に質問しなさい」と教えられたであろう新人らしき販売員さんが話しかけてきました。

新人販売員：「お近くなんですか？」

私：「いえ」

シーン。

新人販売員：「いつも、パンツスタイルが多いんですか？」

私：「そうですね」

シーン。

こんな調子で、まるで会話が弾みません。

質問は大事です。**お客様に質問することで、お客様との距離を縮められたり、お客**

様に合った商品提案ができますから。客単価アップには欠かせません。

でも、このような〝とりあえずの質問〟では、意味がないのです。

せっかくの質問を有効活用するためには、**質問する時は、質問する意図を明確にすること。そして、質問の答えに対して、どう受け答えするかを事前に何パターンも考えておくことが大切です。**

たとえば、「お近くなんですか？」と聞く理由は、お客様がこのお店に来た経緯を知るため、または交通手段を知るためだったりします。

そして、この質問を受けたお客様からの答えを考えてみると、「近い」「遠い」などの答えがありますね。

近くであれば、何度か足を運んでくださっている可能性がありますし、再来店していただける可能性も高い。また、周辺地域の情報を話すことで、お客様との距離感を縮めることもできそうです。そう考えると、

「お近くなんですね。よくこちらには来られるんですか？」

「お近くなんですね。最近できたパン屋さん、ご存じですか？」

という受け応えができそうですね。

遠くであれば、こちらに来られた理由が何かしらあるはず。お車で来られている可能性も高くなるので、大きなもの、重たいものを購入されても、お持ち帰りの心配はしなくて済むかもしれません。

「遠くからありがとうございます。今日は、こちらに来られるご予定があったんですか？　お会いできてよかったです」

「遠くからありがとうございます。もしかしてお車で来られました？　この時間は駐車場がいつも混むのですが、大丈夫でしたか？」

このように返事ができますよね。

たった一言、「お近くなんですか？」と聞く意味と答えがこれだけあるのです。

そして、質問への答え方で**「お客様のお話をちゃんと聞いていますよ」**と感じていただき、信頼してもらうこともできるのです。

それには、**お客様のお返事を一度オウム返しする**のがおすすめです。

たとえば、「パンツスタイルが多いですか？」という質問に、「スカートははかないんです。パンツが楽ですから」と返事があったら、「そうなんですね。パンツは楽ですよね」と返します。

するると、お客様に「ちゃんと聞いてくれている」という安心感を与えられますし、何よりも復唱することで、自分が忘れません。

「パンツスタイルばかり。スカートははかない」とはじめに聞いていたにもかかわらず、接客が長くなって、いろいろな商品をご紹介していく中で、パンツスタイルの話が記憶から飛んでしまい、スカートをご紹介してしまったりすることはありませんか?

お聞きしたことを忘れてしまっては、お客様に「ちゃんと聞いてた?」と言われてしまいます。

なので、お客様の言葉を復唱することで、自分に言い聞かせる。これだけで、お客様の言葉を記憶しやすくなるのです。

また、接客途中で、「先ほど、パンツスタイルが多いとおっしゃっていましたものね」と、入れるのも効果的です。そこでも「覚えていてくれた」と、お客様はうれしい気持ちになります。すると、提案してくれる販売スタッフの言葉に信頼度が増し、セットで購入してくださる率が高くなるのです。

言葉だけにとらわれない。言葉の裏に隠されたニーズを知る

私も年を追うごとに、図太くなってきたなと感じますが、それでもやっぱり人の目は気になるし、言いたいけれど言えないこともたくさんあります。それに、言葉だけでは伝えたいことを伝える自信もなくなったりします。

言葉だけだと、意外と伝わらないことがありますよね。そして、本当は伝えたいけれど、恥ずかしくて言えないこともたくさんあります。

「質問は大事」と前述しましたが、**言葉だけにとらわれない**ということも大事です。言葉を発する時の、目線、表情、声のトーン、速さ、全体のしぐさ、そういったものも、言葉の内容と合わせて考えながら、お客様の本当の気持ちを探るのです。

たとえば、パステルカラーの花柄ワンピースを手に取ったお客様が、「これって、私にはかわいすぎますよね」という言葉をおっしゃったとします。

そのまま受け取れば、「ああ、お客様は、これは私にはかわいすぎて似合わないと思っているんだな」となります。そこですぐに、「だったら」と、ちょっとシックなワンピースを持って行きたくなりますが、少し待ってください。

本当に心の底から、まったく興味のない、かわいすぎて似合わないと思う商品をわざわざ手に取り、あえて第三者の販売員に、「私には似合わないよね」と聞こうと思うでしょうか?

おそらく、「着てみたいけど、私が着ても似合わないだろうし、これを着たいと思っていると知られたら恥ずかしいな」などと心配されているのでは、と思うのです。

そして、「そんなことないですよ」と、否定してもらいたい気持ちもあるはずです。

ただ、ここが難しいところで、お客様の言葉の奥を読んで、「かわいすぎなんてことはないですよ」と伝えてみても、「きっと売りたいから、そう言ってるんだな」と、思われてしまうことがほとんどだということ。

悲しいことですが、実際に、売りたいだけで、似合ってもいないのに「すごく似合っている」と言う販売員がいるのも事実なので、そう思われてしまうのでしょう。

しかし、実際に似合っていて、本当に「そんなことないですよ」「とてもお似合いになると思う」と伝えたい時は、いったん、オウム返しをしてから否定してみます。「お客様は、かわいすぎて似合わないと思われるんですね」と一度、お客様の言葉をそのまま返し、それから、「私は、そんなことないと思います。お似合いになると思いますよ」とやんわり否定し、似合うことを伝えます。

オウム返しは、お客様の言葉を一度受け止めたことを表わします。それがあるだけで、お客様は単に否定されるよりも、販売員の言葉を受け取りやすくなるのです。

また、お客様の好みを知る上で、私が気にしているのは、お客様がお持ちになっている小物の色です。

ある日、全身黒とグレーの無難な色でまとめているお客様を接客させていただきました。

お客様が手に取る商品も黒やグレーだけ。さらに無地のみ。実際に購入を決められたのもグレーのコート。

しかし、ふとお客様が手にした携帯を見ると、きれいなピンクのカバーをつけていらっしゃいました。それに、お財布の色もピンク。

そこで私は、お会計に入ったところではありましたが、あえてここで、もう1点おすすめしてみました。選んだのは、ピンク色のカーディガン。素材は薄手でシンプルな形。使いやすいタイプです。

「お客様のピンクのお財布がとても素敵だなと思って。ピンクがお好きなんですか」とお聞きすると、ちょっとびっくりされて、「ピンクはとても好きな色なんだけど、着るには勇気がなくて」と答えてくださいました。

「ピンクとグレーを合わせると、とても上品な印象になりますよ。シンプルな形で使いやすいタイプなので、合わせてみませんか」とお伝えしたところ、プラスで購入していただくことができました。

「着てみたいけど勇気がない」「派手って思われるかな?」と、**人目を気にして、ご自分の好みを言葉に出せなかったり、言葉の続きが伝えられなかったりするお客様はたくさんいらっしゃいます。**

そんなお客様の口に出せない言葉を察するために、お客様を観察してみましょう。

そのウォンツはどこから来たのか
――ニーズの探り方――

私は血圧が低すぎて、自動の血圧計では毎回エラー表示が出ます。そんな低血圧の私は、極度の冷え性なので、冬はもちろん、夏でも温かい飲み物が必須です。

しかし、夏はなかなか温かい飲み物を売っていません。自販機はすべて冷たい飲み物なので、温かいコーヒーをわざわざコンビニに買いに行きます。

この例を使って、「ウォンツ」と「ニーズ」を説明したいと思います。

ウォンツとニーズの話をする時、このふたつの言葉にはさまざまな意味や捉え方があるので、一概には言えない部分があるのですが、接客販売で必要な解釈をお伝えしておきます。

ウォンツは、お客様が言葉や態度で伝える商品名そのもの。具体的欲求。
ニーズは、そのお客様がその商品が欲しい理由。抽象的欲求。

前述の私の例で言うならば、「温かいコーヒー」がウォンツ。「冷え性だから、温かいものが飲みたい」。これがニーズです。

私のニーズから考えると、温かいコーヒーが売り切れだった場合、温かいお茶や温かい紅茶という選択肢が出てきますよね。

でも、もし私のニーズが「眠気を覚ましたい」だったら、温かいコーヒーが売り切れだった場合の選択肢としては、冷たいコーヒーが最初に出てきませんか？

接客販売では、お客様のニーズ（なぜそれが欲しいのか？）を知ることが大事です。なぜかと言うと、この例のように、**ニーズが違うと、お客様からお聞きしたウォンツ（希望する商品）がご用意できない場合のご提案が変わってくる**からです。

たとえば、「カーディガンが欲しい」というお客様がいらっしゃったとします。

お客様の希望通りのカーディガンを探してみますが、ぴったり合うカーディガンがご用意できません。そんな時、あなたならどうしますか？

「申し訳ございません。そういったカーディガンはこちらにはございませんね」とお断りする前に、ぜひ一度、**「カーディガンは、どのような理由でお探しだったんですか？」**とニーズをお聞きしてみて欲しいのです。

すると、「会社の席が寒くて、さっと羽織れるものが欲しくて。会社に置いておけるものを」という理由を教えてくれるかもしれません。

だったらカーディガンでなくても、大判のストールや、カジュアルでもよければカットソー素材のパーカーといったものならご用意できるかもしれません。きちんとしたタイプがよければ、シャツの羽織りもご紹介できるでしょう。

このように、ニーズによってはカーディガン以外にもご提案できるものが出てくるのです。

お客様との出会いは、一期一会。お会いできた時間を大事にし、最大限のおもてなしをしたいですよね。

「ありません」「できません」ではなく、「○○だったらあります」「○○だったらできます」というご提案をするためには、お客様がその商品を欲しい理由(ニーズ)を知ることが大事なのです。

自分の相談をすることで、嫌味なくお客様のコンプレックスを自然にお聞きできる

お客様のニーズチェックをしていく中で、**お客様が一番言いづらくて、実は一番聞いて欲しいこと。**

それはコンプレックスです。

顔が丸い。太っている。痩せすぎ。足が太い。ウエストがない。ヒップが大きい。腕が短い。足が短い。身長が低い。身長が高すぎる。肌の色が黒い。血色が悪い……。などなどなど。

人から見たら、「え？　そうかな？」と思うことが案外多いのですが、本人はとても気にしていることが多いのが、コンプレックスです。

そして、悩んでいてもなかなか口に出せない人も多くいます。

そんな**コンプレックスをどうにかしてくれるものがあれば、お客様は絶対知りたい**だろうと思いますし、販売する側としてもお伝えしたいところです。

お客様を観察していると、鏡を見る時に自然といつも気にしている部分に目がいっていることが多くあります。

足を気にしている人は足ばかり見て、ウエストを気にしている人は、いつもウエストを見ています。

ですから、お客様がお洋服を探されている時、試着された時には、さりげなくお客様の目線をチェックして、お客様が気にしているところを確認しておきましょう。

では、どうしたら言いづらいコンプレックスの話をお客様から話していただきやすい状況をつくれるかというと、まず、**売る側が、お客様が持つコンプレックスに近い、自分のコンプレックスをお客様に相談する**という方法があります。

とてもよく売る女性の販売員さんのエピソードがあります。

その方は、見た目はとても華奢でかわいらしいのですが、なぜかお腹だけがポッコリしています。

お客様から、「スタイルがよくていいですね」と言われる度に、「実は私、お腹が出てるんですよ。見ます？」と言って、ちらっとお腹をお客様に見せちゃうのです。

「本当！」と言う、お客様の顔はうれしそう。同じ悩みがあると、親近感がわいて、いろいろと聞きたくなりますよね（もちろん同性の方にのみです）。

完璧に見えるおしゃれな販売員がこっそり、「実は私、この部分が悩みなんです」なんて話してくれたら、お客様も安心して自分のコンプレックスを話しやすくなるものです。

さらに大事なのは、お客様からコンプレックスをお聞きした後です。

せっかくお客様から、しかも、あまり話したくないであろうコンプレックスをお聞きしたのですから、それにはきちんと応えましょう。

たとえ、こちらから見たら、そんなに気にしなくていい程度のコンプレックスだと感じても、お客様からしたら、とても気にしていることかもしれません。

安易に「気にしなくていいですよ」と返すのではなく、一度受け止めて、「そう思われるんですね」「そこが気になるんですね」と伝えます。

否定するのはその後です。「私はそんなことはないと思いますよ」「私はそう思いませんよ」と、安心していただけるように伝えます。

それから、あなたが持っている商品知識を使って、コンプレックスを解消する方法や商品をやんわりとお伝えしてみましょう。

お客様を笑顔にしてあげられるといいですね。

COLUMN 1

靴や小物まで合わせてこそ、楽しめる

今日、何着ていこう？　と思った時、靴まで合わせて考える人って、意外と少ないことに最近気がつきました。

靴ひとつで、着こなしは変わります。バッグだってそうですよね。

だからこそお客様には、ぜひ洋服に合わせて小物も一緒に買って欲しいと思っています。

私の家には、玄関に大きな鏡がないので、毎日着る服を決める時に、家の中に靴を持ち込み、鏡の前にビニールシートを敷き、その上に立って確かめているのですが、その度に「家の中で靴を履かないの!」と、家族に注意されてしまいます。でも、靴が合わないと、全体の着こなしがわからないので、やめられません。

「靴選びや小物選びで、着こなしは劇的に変わる」

これを伝えるだけでも、小物をもう1点、一緒に買ってもらう、一緒におすすめする意味を感じていただけるのではないかと思います。

足元まで完璧に同じテイストで合わせるのも素敵ですが、スポーティな洋服に靴だけヒールのあるパンプスと合わせて女性らしさをプラスしたり、甘いワンピースにスニーカーやキャップを合わせて抜け感を出したりするのもいい。

同じ洋服でも、小物や靴が変わると、違った雰囲気になるのが楽しいんですよね。

まずはいろいろ試してみて、いいなと思う組み合わせがあったら、ぜひお客様に教えてあげてください。店頭のボディづくりにも役立つので一石二鳥ですよ。

CHAPTER 3

悩ませるか？　選ばせるか？
それは、
あなたの見せ方次第で決まる

たくさん見せるほうが喜ばれる。ファミレスのメニュー

突然ですが、ファミレスのメニューって、見ているだけで楽しくなりませんか？注文した後も、食事が来るまでの時間に、メニューをずっと見てしまうのは私だけでしょうか。

ファミレスのメニューがなぜこんなに魅力的なのかを考えてみたのですが、きっとバラエティに富んだ料理がたくさん載っているからなのだと思います。

洋服の販売で言われる定説として、「たくさん見せすぎると、お客様が悩んで決められなくなる」という話があります。こんな説を聞いたら、怖くなってお客様にたくさん見せられなくなってしまいますよね。

これを否定する気はありません。実際に悩みすぎて、なかなか購入できないお客様

はよくいらっしゃいます。

ただ、この話を聞いて思うのは、「お客様は1点か、せいぜい2点しか買わないだろう」という前提があるのではないかということです。

つまり、**「お客様にたくさん見せても、その中から1点、もしくは2点程度しか買わないのだから、たくさん見せると時間がかかるし、ただ悩ませるだけ」**という販売員側の都合を含んだ「あるある」なのだと思うのです。


実際のところ、お客様を悩ませてしまう接客をしてしまう人は、1点だけしか見せていなくても、お客様を悩ませるし、決められない性格のお客様は、たとえ1点でもじっくり時間をかけて悩まれます。

ですから一概に、「たくさん見せると、お客様が悩む」と決めつけなくてもいいのではないかと思うのです。


また、たくさん見せると何かしら買っていただける確率が高くなります。

1点しか見せなかったら、1点売れるか売れないか、売れる確率は50%。

もしも、Aという商品とBという商品を2点見せたら、①Aだけ売れる、②Bだけ売れる、③AとBの両方が売れる、④まったく売れない。この4パターンとなり、何かしら売れる確率は単純に計算すると、4分の3になるので、売れる確率は75％（現実にはこんな単純な計算にはなりませんが）。

もし**3点見せたら**？　同じく単純計算でいくと、8パターンの買い方になり、8分の7、**87・5％の確率で何かしら売れる**となるのです。これは高い確率ですよね。

ここまで読まれて、「たくさん見せてもいいかな？」という気持ちが出てきましたか？　もし、少しでもたくさん見せることへの怖さが減ってきていたらうれしいです。

そして、お客様を悩ませないポイントとしては、見せる内容を考えることです。

たとえば、コートをお探しのお客様に対して、さまざまな色や形のコートを5点お見せする人。

一方、「どのようなコートをお探しですか？」とニーズをお聞きして、コートを2点チョイス。それをお見せする際に、「こちらのコートなら、このニットとこのスカートと合わせていただくといいですよ。逆に、こちらのコートには、今、着ていらっしゃるブラウスと合わせて、ワイドタイプのパンツをおはきになると今年っぽくなって素敵です」と、コート2点、ニット1点、ボトム2点のコーディネートで5点お見せする人。

どちらが、より多くの商品を買っていただけると思いますか？

ファミレスのメニューの話に戻ってしまいますが、「お茶だけしよう」と思って入店しても、食べる予定はなかったのに、季節限定デザートのメニューを見てしまうと、ついつい頼んでしまうことがあります。

同じように、コートだけのつもりでお店に入ったお客様に、「コートに合うニット」「今年っぽくなるパンツ」をお見せすることは、お客様に選ぶ楽しさを味わってもらっていることになるのです。

それがお客様が悩みながらも笑顔になる瞬間です。そんな笑顔を見たいですよね。

ランチタイムでも、ディナーメニューを見せるわけ

またもや飲食店のメニューの話になりますが、ランチタイムにお店に入った時、ランチメニュー以外に、通常メニューが置いてあることがあります。

通常メニューを置いておくことで、もしかしたら、ランチメニューを食べて「おいしい」と思った人が、**通常メニューを見て、次はランチ以外でも来て食べたいという商品が見つかるかもしれません。**つまり、お客様を再来店させる工夫ということです。

洋服などの買い物も同じです。来店された時、お客様が欲しいものをご提供し、さらにもう1点やもうワンランク上の商品をおすすめするには、お客様が「欲しいもの」だけをご提供するのではなかなか難しいのです。

つまり、**お客様が今日欲しいものだけではなく、明日欲しくなるかもしれないも**

の、一週間後に使うかもしれないものも、一緒にご紹介しておくのです。

お客様は、今欲しいものはわかっていても、明日欲しくなるものはご自身でもなかなかわからないものです。もっと先のことなら、なおさらです。

なぜ、こんなことを言うのかというと、皆さんが、このように思って困っている時があるのではないかと思うからです。

残暑がまだ厳しい秋口。「まだ暑いのに、コートなんか売れない」。

まだ寒さが続く春先。「まだ寒いのに、薄手の洋服なんか動かない」。

たしかにそうですが、日本にいる限り、必ず季節は移ります。ですから、前もってお見せするのです。本当に寒くなる前に。本当に暖かくなる前に。

その季節になった時に、お客様に来店いただけるきっかけをお伝えしておくのです。

それに、「あと一ヶ月先にはたくさん活躍してくれるコートです」「来月にはレギュラークラスに使える半袖アイテムです」とお伝えしたら、その場で買ってくださるかもしれません。

「欲しい」と思っていただけるきっかけをお伝えできたら、買う理由はお客様自身がちゃんとつくってくれます。少ないかもしれませんが、今それを欲しいという方は必ずいるのです。

セール商品の中に欲しいと思うものがないと残念がるお客様に、無理やりサイズの合わないセール品を「お得ですよ」とおすすめするよりも、「今は、まだ早いかもしれませんが」「もうすぐ、たくさん着ていただけます」と、定価商品をおすすめしてみましょう。

買うのを決めるのはお客様です。せっかくお店に足を運んでくださったお客様が、いろいろな商品を見られないのは申し訳ないですよね。定価の商品もきちんとお見せしましょう。

買うもの、買わないもの。それでもおすすめしたいもの。お客様との共同作業が信頼をつくる

たくさんの商品をお見せして、どれも気に入っていただいた場合、私は、**「とりあえず一度、全部買ったらいくらになるか計算してみましょうか？」**とご提案します。

金額がわかると、「あ、じゃあ買えるかな」と、納得してそのまま購入される場合もありますし、「ちょっと買いすぎかな」と冷静になるお客様もいらっしゃいます。

買いすぎと思われたお客様には、「では、どれをやめておきましょうか？」と、あえてこちらからお聞きします。

ここで欲を出して、全部買ってもらおうとするよりも、お客様のご要望（ちょっと買いすぎという気持ち）に、快く対応したほうが信頼していただけます。

「じゃあこれと、これをやめておきます」と、お客様がさっと決められる場合はいい

のですが、「これもいいし、あれもいい」と長く悩むパターンに陥った場合、疲れて買い物自体が嫌になってきます。

そこで、販売員の出番です。お客様のニーズ、素材やデザイン、使い勝手を考えた上で、**今すぐ買っておいたほうがいいものと、すぐ買わなくてもいいもの。このふたつに分けて、すぐ買わなくていいものについて、「これを買うのは次にしませんか？」とご提案するのです。**

このように、こちらから「やめたほうがいいもの」をご提案すると、ほっとされるお客様が多いものです。

ただ、「すぐ買わなくていいですよ」と引いた商品の中には、やっぱり今、買って欲しいと思う商品もありますよね。いくら先でもいいと言いながらも、完売してお客様が買えなくなる可能性もあります。

そんな時は、いったん引いた商品をすぐに元の場所に戻すのではなく、少し避けて近くに置いておくのです。そして最後に、避けて置いたものの中で、やっぱりどうしても買っていただきたいものをひとつだけチョイスして、もう一度ご紹介するのです。

その時は必ず、なぜその商品をどうしても買っていただきたいと思ったのか、その理由を伝えます。

ただ似合う、お買い得、という理由ではなく、あなたが思う「本気でお客様が買ったほうがいい理由」を伝えるのです。

この一度引いた後の**「やっぱりどうしてもおすすめしたい」とお伝えする商品は、ちゃんと理由がある分、買っていただける確率が高い**のです。ただし、しつこくするのは楽しい買い物にはタブーです。

断られたら、潔くすっぱりあきらめましょう。

この最後のおすすめで、あなたがどれだけお客様のことを思っているのかが伝わります。お客様の記憶にも残ります。「やっぱり、あれが欲しくなって」と、後からまた来ていただけるきっかけにもなります。

どれを買おうか悩む時間は、販売員として信頼されているからこそできる、お客様との最高の共同作業でしょう。

断る理由をつくってもらうのが試着

満足する買い物をしていただくためには、ご試着してもらうことが必要になります。

ところが、試着を嫌がるお客様がとても多いと思いませんか？

試着が嫌いな方のパターンとして多いのが、**試着自体が面倒だからと試着せずに買う方**。そして、**試着したら買わないといけないと思って、試着することを拒む方**です。

試着が面倒で試着せずに即決で買う方は、男性に多い印象です。

面倒だというお気持ちもよくわかるのですが、家で着てみたら、ちょっと似合わない、サイズが合わないという問題は、買う前に試着するだけで解決することなので、試着はできるだけしていただきたいと思っています。

しかし、実は私がどうしても試着をおすすめしたいのは、「試着したら買わないといけないと思っている」お客様のほうです。

試着はお試しですから、買わないといけないといったことはまったくないのですが、きっとそういう方は、断ることに罪悪感があるのでしょう。

また、そのような方は、**「買う」という行為に対しても罪悪感が大きい**のかなと推測しています。気に入って買ってしまうということにならないように、試着をしないのではないかと思うのです。

もしかしたら、買わずに**見るだけで満足することが美徳**と思っていらっしゃるのかもしれません。

「断る」ということ、「買う」ということ、どちらにも罪悪感がある方にとっては、試着はとてもハードルが高い行動。ですから、そのハードルをこちらから思いきり、下げてあげましょう。

「お試しですから」「買わなくてもいいんですよ」とストレートにお伝えするのも、もちろんいいですね。さらに今回は、お客様が一瞬固まるくらいインパクトのあるフレーズをひとつ、お伝えします。

「お客様。試着は買うためではなく、断るためにするんですよ」

このようにお客様に伝えてみて欲しいのです。真面目な顔でそう伝えると、たいていのお客様はきょとんとされます。きっと「何言っているの？」と思われているのでしょう。

当たり前ですよね。試着は買うためにするものと思っている方がほとんどですから。でも、だからこそ試着のハードルが高くなってしまっているのです。

そこで、お客様に「なぜ試着は断るためなのか？」をお伝えします。

「お洋服って、着てみないとわからないことってたくさんあるんですよね。素敵だなと思って着てみたら、あれ？　と思うこと、ありませんか？」

そう言うと、たいていのお客様は「あるある」とうなずいてくださいます。

「そうですよね。お洋服は着てみないことには、似合うか似合わないか、まったくわからないんですよ。でも逆に、たいして素敵だと思っていなかったのに、試しに着てみたらすごく素敵な服もあるんです」

ここまで説明すると、「確かに、そうよね」と思っていただける雰囲気になります。

「だから試着って、断るためにするんですよ。素敵だなと思ったまま、試着もしないで帰ったら、『やっぱり買っておけばよかったかな』と、悩む時間ができちゃいますよね。

でも、今、試着してみて、もし似合わなかったら、『買わなくてよかった』と思えますし、おうちに帰って悩まなくて済むんですよ」

「着てみて、似合うと思ったら、それから買うか買わないかを考えたらいいいんです。すごく似合っても、絶対買わないといけないわけじゃないですから」

「買うかどうかはお客様が決めることですので。まずは着てみて、似合うか似合わないかです。そこからですよ」

「似合わなかったら、それこそ買わなくていいんですから。断るために、試着するんですからね」

話がここまで進むと、たいていのお客様は、笑いながら「なるほどね」と、試着してくださいます。

また、試着が本当に苦手なお客様には、

「私のほうからは、『試着終わりましたか？』と、お声かけしませんから、お客様が納得いくまで、着比べてみてください。でも、できたら全身のバランスを見せていただきたいので、外に出てきてもらえると助かります」

と、前もって、声をかけないと伝えることで、安心してゆっくりご試着いただけるようにする方法もあります。

特に、試着をおすすめするのが苦手な人は、ぜひ「断るために、試着してください」とお客様に伝えてみてください。

あなたの一言で、ひとりでも多くのお客様が試着を楽しめるようになるといいですよね。

着こなしまで伝えられる最高のチャンスを逃さない

お客様を試着室にご案内した途端、少しほっとしてしまうことはありませんか？

たしかに、試着していただけるとなったら、ひとつのハードルをクリアしたような気持ちになりますよね。

その気持ちもわからなくはないのですが、実はたくさん売る販売員は、試着室にお客様をご案内した後のほうが、ご案内する前よりも圧倒的に忙しいのです。

もしも、お客様が試着したお洋服のサイズが大きかった時や、小さかった時のために、前後のサイズ在庫があるかどうかを確認したり、ご紹介した商品に合わせられる商品をピックアップしたり、それに合わせた靴や小物を用意したり。

とにかく、頭の中フル回転で、店内にある商品の中から、お客様にご紹介したい商品を思い描き、さらにお客様が試着した後に不安に思うことを予測して、それをカバーできる着こなしまで考えておくのです。

私自身、この時間が接客の中で一番、頭を使っているような気がします。

しかし現実には、この大事な時間を「お客様が試着しているのを待つ時間」と考えてしまって、ほっと一息ついて、お客様が出てくるのをただ待つだけというもったいない使い方をしている販売員がとても多いように感じます。

さらに、実際に私が客として経験してびっくりしたことがありました。試着室から出てきたら、販売員さんがいなかったのです。

お客様が店内にたくさんいらっしゃって、ほかのお客様の対応をしているというのであればわかります。

しかし、その時は販売員さんも、ほかのお客様も見当たりません。

結果、販売員さんの意見を聞くこともできず、そのまま試着室に戻り、試着した服を脱いで、試着室からひっそり出ました。あんなに寂しい思いをした試着はありませんでした。

試着室に入りたがらないお客様からすると、いろいろと言われるのが嫌というのもあるかと思いますが、私が体験したような〝放置〟はもっと嫌だと思います。

着てみたところを誰かに確認して欲しいと思う時がありませんか？ 自分は似合うと思うけど、他人から見たらどうなのかを知りたいお客様は多いものです。

本気で売りたいのであれば、このチャンスを活かさない手はありません。

まずは、試着室でお客様が勝手に「似合わない」と判断して、見せていただけずにさっさと脱いで試着を終えてしまわないように、「外に大きいお鏡がありますから、ぜひ、出て来られて全体のバランスを確認していただきたいです」「お客様が着ているところ、ぜひ一度見せてくださいね」と、着たらぜひ見せて欲しいことを伝えてから、試着室にご案内しましょう。

そして、「もしサイズが合わなかった場合は、近くにおりますので声をかけてくださいね。すぐにお持ちします」と伝えておくことで、安心していただきましょう。

しかし、試着室にいるお客様への「いかがでしょうか」「サイズは大丈夫でしたか?」といった声かけは、タイミングが悪いと、すごく嫌がられます。ですから、タイミングを見て声をかけることが大切です。

試着室から音が聞こえなくなって5秒待つくらいが、ちょうどいいタイミングです。

ある販売スタッフは、「自分が試着したとしたら」とシミュレーションをして、時間を計っていました。

試着室に入ったお客様が、商品を着たまま出て来たとしたら、何かしら気に入っている証拠です。

「まったく似合わない」と思ったら、どんなに「出て来て見せて欲しい」と伝えても、商品を着たまま出て来てはくれません。

そこで、完全に満足しているかどうかは、表情を見て判断します。

お客様の表情が曇っていたら、納得していない点があるというサイン。

それを**クリアする手段が、「着こなしを伝える」**ということです。

たとえば、パンツの丈をきちんと合わせるだけで、すごく足がきれいに見えたりします。ほかにも袖を少しだけ折り返したり、肩のラインをきちんと合わせたり。ウエストの位置を確認して、正しい位置で着ていただいたり。

ぱっと見は「似合わないかな」と思ったものでも、ちょっとした「着こなし」を伝えるだけで、ぐっとよく見えたりするのです。それにも、お客様が試着している時間にどんな着こなしができるか？　を考えておく必要があります。

試着は、お客様に「着こなし」のコツを伝えられる唯一と言っていいほど大事な時間です。

洋服は、「いかに着こなすか」がとても大事。商品のよさを伝えられて、お客様が素敵に見える着こなしを伝えるチャンスを、みすみす見逃して「ほっと一息の時間」にしないようにしてください。

リアルだからこそわかる。目の前で実際に合わせて見せてこそ伝わる

私は自社のネットショップ管理も担当しているのですが、実際に接客するのが好きな分、ネット販売がとてももどかしい時があります。

ネットには、ネットのよさ。実店舗には、実店舗のよさがあります。お客様が、その時の最適の方法を選んで、ご購入していただければいいなと思っているのですが。

実店舗のよさとして、

「お客様に、自分の目で見てもらい、触ってもらって、着てもらえる」

ということがありますよね。これはとても大きな強みだと思います。

たとえば、お客様が1枚のシャツを気に入ってくださったとします。ラッキーにも「このシャツはどんなボトムと合いますか?」と、聞いてくださったとしたら……。

よくある対応は、次のようなものでしょう。

「そうですね。なんでも合いますよ」（この回答はNGです）
「シンプルにデニムと合わせたり、プリーツスカートと合わせていただいてもいいですね」
「お仕事で使うのでしたら、シンプルなタイトなスカートがおすすめですね。ヒールと合わせると、よりスタイルのよさが際立ちますよ」

最初の「なんでも合いますよ」は、質問に答えていないので論外として、それ以外の答えはよさそうに感じられるかもしれませんが、お客様に〝実際に合わせる商品をお持ちできていたら〟という前提がつきます。

言葉だけで伝えるのであれば、ネットショップの説明文で十分。実店舗でせっかくお客様が目の前にいらっしゃるのですから、ぜひ、合わせていただきたい商品を持って来て見せてあげてください。

「デニムと合わせて」と言ったら、誰だってデニムくらい持っているだろうから想像がつくだろうと考えてはいけません。一口にデニムといっても、色だって、形だって、丈だって、デザインだって、さまざまですよね。

「たとえば、こちらのような少しゆとりのあるデニムと合わせていただいて、裾を2センチくらい折って。靴は今、履いていらっしゃるスニーカーでもいいですし、こちらにあるような、少しヒールのあるパンプスとも相性がいいですよ」などと使う時を考えて、それを伝えながら、実際に見せるのです。

加えて、「こういったデニムはお持ちですか？」と聞いてみると、「はい、持っています」や「持っているんですが、ちょっと形や色が違います」といった返事が返って来ると思います。

持っていると言われたら、「そうなんですね。では、お持ちのデニムとぜひ合わせてみてください」とお伝えできますし、「持っているけど、ちょっと違う」と言われたら、「そうなんですね。こちらの形は今年、特によく出ていて、腰まわりがすっきり見えるのでおすすめです。よかったらお試しになってみませんか？」とおすすめできます。

このように展開することで、単に「デニムと合わせてください」では広がらなかった会話が、さらに商品をご紹介できるチャンスに生まれ変わるのです。

当たり前に持っているだろうと思うものでも、実際に合わせて見せてあげること。着こなしまで伝えること。小物もちゃんと見せること。前述しましたが、実際に見せるというのは客単価アップのコツのひとつです。

実店舗の強みなので、ぜひ面倒くさがらずやってみてください。

ちなみに、お客様に合わせて見せたい商品をお持ちする時には、黙って商品を取りに行ってはいけません。

「お客様、こちらの商品に合わせて、どうしてもお見せしたいものがあるのですが、少しだけお待ちいただいてもよろしいですか？」と聞いてみるのです。

そう伝えると、お待ちいただく間に、お客様の期待感がぐんと高まります。

実店舗での買い物は、**「体験」**だったり**「イベント」**です。たくさんのワクワクやドキドキを体験してもらうためにも、期待していただくことは大切です。

もちろん、期待に応えるだけの商品をお持ちすることにはプレッシャーがかかります。販売員としては、そのプレッシャーを超える「いいね」をいただける商品をお持ちするために、日々、「この商品に合うものは？」を考えておくことが必要になります。

ひとつの商品に対して、最低ふたつは、合わせられる商品を考えておきましょう。最初はカタログの組み合わせそのままでも大丈夫。「なんでも合いますよ」と答えるより100倍いいです。

百聞は一見に如かず。もう1点をプラスするには、こういった日々の積み重ねが大切なのです。

CHAPTER 4

目の前のお客様だけの「似合う」を伝えて、新たな満足を味わっていただこう

あなただけの「お客様を思った商品説明」をつくる

人の長所短所のように、商品のデメリットは、見方を変えるとメリットとして伝えることができます。

これは、**伝える人によって、同じ内容でもお客様がメリットと感じたり、デメリットと感じたりすることもあるということです。**

商品説明の難しさと面白さはそこにあります。

たとえば、素材です。肌が弱くて化繊が着られないというお客様にとって、天然繊維というのは大きなメリットになります。

しかしながら、綿のシャツなどはアイロンがけが面倒という人が多いのも事実。毎日、仕事や家事が忙しくて、できるだけアイロンがけはしたくない人にとっては、綿素材であることはデメリットです。

お客様にとって、何がメリットになって、何がデメリットになってしまうかは、お客様との会話やお客様を観察することで知るしかありません。

そして、このデータはお客様とたくさんお話することで蓄積されるのです。

白っぽい明るい色の洋服があります。

「やせて見られたい」というお客様は、白っぽい洋服を「太って見える」と敬遠しがちです。また、小さいお子様がいらっしゃるお客様も、「白っぽい色は汚れが目立つから」とおっしゃいます。

しかし、白っぽい色がいいというお客様もいらっしゃるのです。

それは、ペットを飼っていらっしゃる方。犬や猫を飼っているお客様の中には、「毛が抜ける時期は、黒っぽい色の洋服は着られない」とおっしゃる方がとても多いのです。

これが商品説明の面白味とも言えます。

会社から教えてもらう商品説明は、万人が「うれしい」と思うであろう内容です。

しかし、お客様全員が「うれしい」と思う内容は、実はそうそうありません。

だからお客様それぞれに合わせた商品説明をチョイスしてお伝えすることが必要なのです。

たとえば、自宅で洗えるニット。さらに手洗いではなく、マシンウォッシュＯＫというメリットがあったとします。

誰でも家の洗濯機で気軽に洗えるならうれしいと思うでしょうが、自分で洗濯をしない若いお客様や、仕事が忙しい男性のお客様は、「こちらはご自宅で洗えますよ。しかも洗濯機でもＯＫなんです」と言われても、さほどうれしさは感じられないでしょう。

一方、毎日実際に洗濯をしている主婦のお客様からすると、自宅の洗濯機で洗えるのはとてもうれしい情報です。なぜなら、実際に〝らく〟を感じられるからです。クリーニング代も浮くし、さらにはクリーニングに持って行って、それを取りに行く手間と時間が省けます。

もうひとつの例として、形が少し変わっていて、身幅がかなりあるブラウスがあったとします。

会社からの商品説明には、「身幅が広いデザイン」と書いてあります。それをそのままお客様に、「身幅が広いデザインです」と言えば、「ふーん」で終わりかもしれません。見たままの情報だからです。

そこで、「私が着たら」というデータや「お客様と同じような体型のお客様が着たら」というデータがあったらどうでしょうか。

「身幅が広いデザインなのですが、私が着たら、意外と身幅の広さは気にならず、動きやすくて着心地がすごくよかったんです」とお伝えできたら、興味を持ってもらえそうです。

さらに、「先日、ほかのお客様にご試着していただいたんですけど、その方はちょうどお客様と同じくらいの身長でした。着ていただいた時、丈はちょうどお尻が半分隠れるくらいで。そうですね、このくらいまでで、バランスがとてもよかったんですよ」と、実際のサイズ感をジェスチャーも交えて伝えられたら、お客様のイメージも広がります。

あなたが着てみた感想。そしてそのメリット。あなたが接客したお客様からいただいた感想。そしてそのメリット。

これはあなただけの宝物です。

そしてこれらは、あなたが欲しいと思って考え、動けば得られる情報なのです。

会社からもらえる商品知識を、より活かすために、興味を持っていろいろな角度から商品を見てください。

そして、接客する度に蓄積していくお客様からの声を無駄にしないで、それを次の接客に活かすことを心がけてみてください。

あなたの宝物を増やして、それをお客様にお伝えしていきましょう。

「似合う」には理由がある。その理由を伝えられてこそプロ

あなたが洋服を見に行って、鏡の前で当ててみたり、試着したりした時、「似合いますね」「お似合いですね」とよく言われるでしょう。

もちろん、自分が接客する時も、多く使う言葉です。でも、お客様側からすると、「売りたいから言っているんじゃないか」と思っていることも多いようです。接客される側になった時、あなたも感じたことがあるのではないでしょうか。

「お似合いです」は、実はとてもお客様に伝わりにくい言葉なのです。

ですから、「なぜ、似合うと思うのか」という理由をしっかり伝えましょう。

テレビでよく見る食レポを思い出してみてください。食レポがうまい人は、食べてすぐはリアクションのみで、言葉を発しない場合が多いのです。なぜなら、食べてす

ぐ「おいしい！」と言ったら、「本当に？　ちゃんと味わった？」と思ってしまいませんか？

同じように、試着の感想も少し味わってから伝えるほうが真実味が増します。試着室からお客様が出てきてすぐに「わあ！　素敵！」という臨場感ある接客も悪くないと思うのですが、「本当に？」と、勘繰ってしまいたくなる時も。

特に、まだ距離感があるお客様には、試着室から出てきた時、**前からだけでなく、横、後ろ姿までしっかり見せていただいた後で、「やっぱり似合いますね」とお伝えしたほうが、「似合う」を確認して言葉を発したことが伝わります。**

再度食レポの話になりますが、食レポした時の感想が、「おいしい」ばかりだとつまらないですよね。見ている人が知りたいのは、おいしいか、おいしくないかだけではなく、どんな味なのかも知りたいからです。

試着時の言葉も同じです。プロとして、どこがどう似合うかを伝えましょう。

伝える内容としては、このような点です。

・なぜ、あなたがそれをお客様に着て欲しいと思ったのか（お客様が興味を持っていたから。お客様がお探しのアイテムだったから。お客様のイメージにぴったりだったから、など）
・お客様に似合うと思ったポイント（色、形、素材、丈、など）
・これを着た時に、どういうアイテムを合わせて欲しいか（靴はパンプスなのかスニーカーなのか。カジュアルかスポーティか、など）

これらの情報を絡めながら「似合う」を伝えることを意識してみましょう。

「お客様のお肌の色がとても明るく見える、きれいな色のニットですよね。万人が似合うお色ではないので、ぜひ着ていただきたいです。パンツはあえてカジュアルなものを合わせると、甘くなりすぎずおすすめですよ。ちょっとお持ちしてみますね」

「軽やかなシフォン素材が、女性らしくてお客様の雰囲気によく合っていますね。お出かけの場合だけでなく、ふだん使いにもお使いいただけそうです。ふだん使いでお使いになる時は、こちらのデニムやスニーカーと合わせていただくと、今っぽくておすすめです」

「なぜ似合うのか」を伝えられると、「なんでも『似合う』という普通の販売員」から、レベルアップできます。

さらに、もう一歩踏み込んで、「おすすめしない」ということもできます。

試着していただいたお客様を見て「似合わない」と思ったら、

「先ほど着ていただいたほうがお似合いでした」

「サイズが合っていないので、正直、そちらの商品はおすすめしかねます。一度こちらを着てみませんか？」

このように、おすすめしない選択もお客様への配慮です。

この場合、単におすすめしないだけで終わらず、必ずほかの商品をおすすめしましょう。

売場にはたくさんの商品があります。お客様が気になった商品を着てもらい、それに対して似合うか、似合わないかをジャッジするだけでは、やっぱり不十分。

似合うのであれば、似合う理由をきちんと伝え、似合わないのであれば、あえておすすめしないという言葉の後で、お客様が気づかなかった、似合うだろうという確信が持てる商品をお持ちする。

そこまでやってこそプロですし、そこまでやれる販売員が、お客様から信頼される売れるスタッフになっていきます。

本当の「似合う」を伝える時、お客様もあなたもウキウキが止まらなくなる

買い物は、楽しくないとできません。絶対に必要という日用品など以外は特にです。

だから、買い物をする場所も、人も、楽しくないと売れないのです。

では、どうしたらお客様を楽しい気持ちにさせられるかを考えると、やはり自分自身が楽しんでいることが一番です。

売上が上がらないと、どうしても接客が押しつけがましくなります。「どうしたら売れるか？」ばかり考えてしまい、楽しくありません。

さらに、その気持ちが高まると、逆に売上のことを考えたくなくなり、売場に立っているのもつらくなってしまいます。

「売れない時ほど、笑顔で」と、よく言われますが、実際にはなかなか難しい時もありますよね。

でも、**やはり、売る人が楽しそうだと、お客様も楽しいものです。**

私は、お客様にいろいろと商品を見て試着していただき、会話をしながらコーディネートをお伝えしている時、「これを買わせよう」という考えはほぼゼロに近く、ただただ、「お客様がこれを着たら、素敵だろうなあ」という妄想に近い気持ちを抱きながらお話しています。

妄想が止まらなくなって、どんどんおすすめしてしまうので、ふと我に返り「もうここで、おすすめするのやめます！」と宣言して、お客様に笑われることもしばしばです。

実は、私のこの妄想癖は接客する時だけにとどまらず、商品を店頭に出す時、「この服、かわいいなあ」「これいいなあ」「着てみようかな」などと、大きな声で独り言を言いながら品出ししてしまいます。

はたから見たら、変な人に思われると自覚しているのですが、ときどき、お客様から「楽しそうですね」「きっと天職ですね」と言われることもあります。

お客様との会話を楽しむには、特別な才能や能力は一切いりません。

「どうしたらお客様に喜んでいただけるか」を真剣に考えるだけだからです。

そして、**そのために必要なのは、「自信」。**

その自信をつけるために必要なのは、知識です。

- 商品をしっかり見る

・商品知識を身につける
・コーディネートを考える
・素材を知る
・色の組み合わせを覚える　など

このような知識を日々取り込むことで、目の前のお客様だけの「似合う」を見つけられるようになり、自信がつきます。
知識を伴わない「似合う」より、知識の裏づけがある「似合う」のほうが、自信を持って伝えられる分、お客様に届きやすいのです。

あなたがお客様に伝える「似合う」が、単に感覚だけの言葉だったり、売るための言葉ではなく、知識に基づき、さらに本当にいいと思ってお伝えする時、あなたは自然と笑顔になります。
だから、楽しいし、それがお客様に伝わるのです。

何度も言いますが、あなたが楽しそうに伝えると、お客様も楽しくなります。そこまでいくと、結果として売上もついてくるのです。

「お客様に似合う商品」と「お客様が好きな商品」。どちらをおすすめするのが正解なのか？

お客様が2点の商品を比べながら、どちらにしようか悩んでいる。

こういう場面で、どちらをおすすめしたらいいか、販売員として悩んでしまうことはよくあるのではないでしょうか。

私の答えは、**「どちらも買っていただく」**です。

なぜなら、そんなに悩むということは、どちらも欲しいということだからです。

あとは、販売する側の問題です。

両方買っていただいて、きちんと両方とも着ていただけるように、それぞれの着こなしや、コーディネートをしっかりお伝えして、「両方買って得したな」という価値を感じていただければ、それが一番いいのです。

どうしても1点に決めなくてはならないということであれば、**価格の高いほうをおすすめしましょう。**

単価を上げたいという気持ちだけではなく、単純に価格の高いほうが素材やデザインがよいものが多いからです。

もしくは、**早く売り切れそうなほうをおすすめしたり、お客様の要望にマッチしているほうをおすすめします。**

そして、**何よりお客様が気に入っているほうをおすすめします。**

お客様を観察していると、あきらかに片方ばかりを見ていることが多いので、より好きな商品がわかります。

「こっちとこっち、どっちがいいですかね？」と聞かれた時は、先に差し出されたほうが、お好きな場合が多いです。

観察でわからない場合は、素直に「どちらのほうが気になっていますか？」と直接聞きます。

すると、「こっちのほうが好きなんだけど、この部分が気になって」といった、即決できない理由も聞けるので、新たなご提案ができることがあります。

もうひとつ、とても悩ましい問題として、1点はお客様にとても似合っている商品、そしてもう1点はあまり似合っていないけれど、お客様が気に入っている商品、どちらをおすすめするかという場合です。

この質問に対して、「もちろん、似合うほうをおすすめする」と答える販売員が多いようです。

その理由は、「お客様には似合うものを着て欲しいから」というもの。プロ意識からくる回答ですよね。

私の場合は、どうしても1点を選ばないといけないとしたら、**「どちらを買っていただいたほうが、お客様が幸せになるか?」**を判断基準にします。

「私に似合うものが欲しい」と思うお客様なら、似合うほうを。

「私が好きなものが着たい」と思うお客様なら、好きなほうをおすすめするのです。

お客様がお持ち帰りいただいた際に、よりハッピーな気持ちになるほうをおすすめすることに決めています。


もしかしたら、プロとして失格だと思われた方もいるかもしれませんが、私は、販売員は商品をお客様に売るのが仕事であって、何よりもお客様の気持ちが最優先だと考えています。

たとえ似合わなくても、それを着ることによってお客様が幸せな気持ちになるのであれば、それを売らないという選択肢はありません。


ここで、プロとしてお客様に対してやるべきことは、似合わないけれどお客様が好きな商品を使って、**「いかに似合う着こなしを伝えるか」**です。

服は1枚では完結しませんから、アクセサリーや靴、インナー、アウターなど、合わせ方次第でいくらでも着こなしを変化させることができます。

その着こなしをお客様に伝えることで、お客様の満足度も上がり、セット販売できるチャンスをつくることにもなるのです。

それを伝えず、ただお客様が気に入ったものだけを売るのであれば、販売員はいりませんよね。ぜひ、あなたのコーディネート力でお客様を幸せな気持ちにしてあげてください。

似合うけれど、それに納得してもらえない時は「着慣れない」ということも

髪型を変えたとたん、今まで似合っていたと思っていた服が、突然似合わなくなったという経験はありませんか？　また、メイクを変えたら、なんとなくしっくりこないということも。眼鏡ひとつでも服が似合わなくなることがありますよね。

そもそも、今の自分の似合うもの、似合わないものをはっきり言いきれる人は、どれくらいいるでしょうか。

なんとなくわかっているつもりでも、それが本当に正解なのかと言われると、不安になる人がほとんどかもしれません。

世の中には、パーソナルカラーや骨格診断など、いろいろな「似合う」ものさしがあり、それによってある程度、「似合う」を計ることができます。

しかし、そのものさしをきちんと知っている人は多くありませんし、知っていても、使い方を知らない人のほうが多いのではないかと思います。

特に販売員なら、**それらの知識を取り入れた後、それを正確にお客様に伝えられるかどうかという点が大事になってきます。**きちんと伝えて、納得していただけなければ、購入にはつながらないからです。

試着室から出てきたお客様。とてもお似合いだなと思うのに、なぜか浮かない顔をされています。とても似合っているとお伝えしても信じてもらえず、やはりご本人は「似合わない」と思っている様子。

ここでいくらお客様に「お似合いですよ」とお伝えしても、売ろうとしているだけなんじゃないかと思われてしまいます。

実はこんな時は、案外、お客様の中で、自分の思い込みによる「似合う」が邪魔をしていたり、着慣れていないものを着ることへの違和感があったりすることが多いのです。

ではどうしたらいいのでしょう。

本書ですでに出てきていますが、一度、お客様の気持ちに寄り添ってみるのです。「似合ってないと思われるんですね」と一度、お客様の気持ちを受け止めてから、自分はとても似合っていると思っていることをお伝えします。

その後、似合っていないと感じられるのは、もしかしたら着慣れていないことが原因かもしれないことをお伝えします。

「髪型を変えたり、髪色を変えた時、急に今まで着ていた服が合わなくなったことはないですか？」とお聞きすると、理解してくださるお客様も多いので、そういった事例をお伝えしてみましょう。

その上で、「いつも着ている色や形なら安心できますよね。今、着ていただいている服はそれとは違うので、居心地が悪いような感覚なのではないでしょうか」と、お客様の気持ちに寄り添って伝えると、少しほっとしていただけます。

お客様に安心していただくことが大切なので、まずは、お客様の不安を理解すること。そしてわかりやすい事例を伝える。その上で、不安の理由が「慣れていないだけなのでは？」という、質問を投げかけるのです。

似合う理由や「似合う」を計るものさしの知識をお伝えするのはそれからです。相手が受け取れる状況になってからお伝えしないと、せっかくのあなたの知識が無駄になってしまいます。

洋服は簡単に自分の雰囲気を変えられるすごいアイテムですから、せっかくなら、かっこいい自分、きれいな自分、かわいい自分、上品な自分など、お客様には、いろいろ楽しんで欲しいものです。

いつもと違う自分を発見した時のお客様の喜びようは、近くで見ていてもとてもうれしく感じます。

お客様が新たな自分を見つけた瞬間、あなたの言葉の信用度はぐんと上がって、「こういうのはお好きですか?」と、お客様に質問する立場から、「これと何を合わせたらいいですか?」と、お客様のほうから質問される立場になるのです。

COLUMN 2

ボトム販売がうまいお店は客単価が高い

客単価が高いお店の傾向のひとつとして、

「売上における、ボトムの構成比が高い」

という点があります。

その理由として次の要素があげられます。

●試着して購入するお客様がほとんどなので、いろいろな商品を一緒にご試着していただきやすい。
▶さまざまなタイプのボトムをおすすめしたり、一緒にトップスを着ていただくようにお願いしたりするきっかけがつくりやすい。
●接客時間が長くなるので、お客様との距離が縮まりやすい。
▶裾上げなどの伝票記入時間なども合わせて、お話する時間が取れる。次回ご来店のきっかけもつくりやすい。
●ボトムに合わせて、トップスを複数ご提案できる。
▶ボトム専門店でない限り、売場の割合としてはボトムよりもトップスが多いお店がほとんど。ボトムに合わせて、トップスをご紹介するほうが、複数のご提案がしやすい。
●サイズが大事なので、定価で買っていただきやすく、色違いでの購入もおすすめしやすい。
▶トップスよりも、サイズが重要なので、ぴったりのサイズがあれば、その場で購入を決められる方が多い。さらに、裾上げする場合、お待たせしてしまうので、「気に入っていただけたのなら、色違いはいかがですか。裾上げも同じ長さでよければ、一緒にお渡しできますよ」とお伝えすると、色違いで購入される場合もある。

ボトム販売は時間がかかるし、面倒だと思われるかもしれませんが、その分、メリットも大きいので、ぜひ、おすすめしていきましょう。

CHAPTER 5

本当のサービスは、
目の前のお客様を
ただ大切にすること。
それが客単価アップにつながる

お客様が「買っておいてよかった」と思われるものをプラスしておすすめする

ある時、コンビニでアルバイトをする外国人労働者への指導内容をテレビで放送していました。

その内容は、

「カップラーメンと一緒にお渡しするのはお箸？　フォーク？　それともスプーン？」

「パスタと一緒にお渡しするのは？」

「お味噌汁には何を一緒にお渡しする？」

といった内容でした。

食べるものによってお渡しするものを変える。当たり前すぎて考えたこともありませんでしたが、よく考えると、すごく気遣いが必要ですよね。

いつも当たり前のように渡されているお箸やスプーンがもし違っていたら、お客様はせっかく買った食事をうまく食べることができない場合がありますし、そもそも、もしお箸やスプーンが入っていなかったらとても困りますよね。

客単価を上げるために複数の商品をお買い上げいただく話をする時に、私がよくスタッフにする話があります。

お客様がお買い上げの商品をすぐに使えるようにするために、もう1点をおすすめするということは、お弁当にお箸をつけたり、プリンにスプーンをつけたりする感覚と一緒だということ。

一緒にお渡しすることで、すぐ食べられる。すぐ使える。

これはお客様にとって、とってもうれしいことですし、大切なことだからです。

もちろん、お箸やスプーンが必要のない時もあります。自宅に帰って食べる場合や、マイ箸を持ち歩いている方などは、「お箸はいりますか?」と聞かれたら、「いりません」と答えるでしょう。

しかし、それはお聞きしないとわからないことです。

なので、「お箸はいりますか?」と聞くように、「こういったアイテムはお持ちですか?」と、合わせられるものをお見せしながら、一度聞いてみるのです。

「持っている」と言われたら、それに合わせてもらえばいいですし、「持っていない」と言われたら、明日からすぐにでも素敵に着ていただけるよう合わせておすすめをする。

これは**サービスの一環**です。

ぴったり合うものがあれば、それと合わせて、なければ「定番」と言われる誰もが持っていそうなアイテムと合わせてお見せしましょう。より使えそうだなと思っていただきやすくなります。

また、持っていると便利な定番アイテムをお持ちでない場合には、それこそ一緒にお買い上げいただきたいですよね。

たとえば、白い定番のシャツ。誰でも持っているだろうと思ってしまいがちですが、意外と持っていない人も多いのです。

デニムを1本も持っていない人だって、スニーカーを1足も持っていない人だっていらっしゃいます。

そして、たとえ持っていても、「買い替えたい」「もう1枚持っていてもいいかな」と思っている可能性もあります。

「あの時、買っておいてよかった」と言われる「もう1点」をおすすめできるように、「こういったアイテムはお持ちですか？」と聞いてみるくせをつけてください。

「在庫がない」を売れない理由にしない方法。売り切れていることもメリットになる

売れる商品は、たいていどのお店でも同じように売れています。

しかし、お客様に「人気商品なので、すぐ売れちゃいますから！　今、買ったほうがいいですよ！」とお伝えしたところで、「どうせ、どこかにあるでしょう。なかっ

たらネットで探せばいいし。買わせようと思って焦らせているな」と思われてしまう場合が多いのが現実です。

ですが、本当に売り切れてしまいそうなものは、正直に「これは絶対に買っておいたほうがいいです」と伝えておきましょう。後から気になって「やっぱり見に来ました」というお客様も意外といらっしゃるからです。

そうすれば、**本当に売り切れていた時には、「お店の人が言った通り買っておけばよかった」と、あなたの言葉を信じていただけます。**するとと、次からは「早めに買っておこう」「セールになるまで待つのはやめよう」と、お客様が行動を変えてくださいます。

その一方で、買えないとなると無性に欲しくなるのが人の性。「どこだったらありますか?」「取り寄せられますか?」「ネットで売ってますか?」と、聞かれます。

こういった場合は、お客様にはきちんと正確な情報を伝えてあげてください。

とはいえ、やはり売れる商品はどこでも売れているので、どこにもないこともあります。

そんな時、皆さんはどうしていますか？

「申し訳ありません。どこにもありません」と言うのか、似たようなものをおすすめするのか。

どちらも間違えではありませんが、謝るだけではお客様はがっかりしたままお帰りになるだけですし、欲しいと思っていた商品と似たようなものをおすすめしても、やはりリアルに欲しかった商品が頭の中に描かれているので、なかなかうまくいかないものです。

こうなると、いくら似たものでもお客様を満足させるのは無理なので、**スパッと切り替えて、まったく違うものをご紹介してみましょう。**

たとえば、流行のスカートを見ていたお客様に、完売していることをお伝えしないといけない場合、「売り切れてしまって、申し訳ございません。ほかの店舗もあたりましたが、どこも完売しているようです」とまずお伝えします。

次に、「似たようなスカートはほかにもございますが、あのスカートがよかったんですものね」と、お客様に寄り添います。

その上で、「もしかして、そのスカートに合わせたいトップスをお考えでしたか？」という風に、どういう着こなしを考えていて、それが欲しいと思ったのかを聞いてみるのです。

合わせたいトップスをお持ちだったら、それに合わせて、スカートに限らずほかのボトムスをご提案する。

合わせたいトップスが特にないのであれば、いったん最初に欲しかったスカートは忘れて、その時一番、そのお客様におすすめしたいものをご紹介してあげてください。

買えなかったものを引きずって似たものをご紹介し続けても、「やっぱり最初に見たスカートがよかった」と言われるのがオチです。

ですから、**新たな商品との出会いを楽しんでいただく**方向に持っていくのです。**「あのスカートを買えなかったおかげで、この商品を買うことができた」**と思ってもらえたら、がっかりした気持ちでお帰りいただかずに済みます。

それでもやはり「最初に見たものがよかった」とおっしゃるようでしたら、もうそこであきらめましょう。

前述したように、次からはきっと、「気に入ったら早めに購入しよう」と思ってくださるはずです。

販売する側から考えると、「売り切れてしまった商品がもっとあったら、もっと売上が取れたのに」と思う気持ちがありますよね。その思いはとてもよくわかりますが、売れるものを売るのは、誰でもできることです。

売れる商品をしっかり売るのはもちろんですが、売れない商品を売れるようにするにはどうしたらいいか考えながら見せたり、おすすめする工夫をするのも販売の醍醐味です。

全国的には、あまり売れていないのに、あなたのお店ではとても売れているという商品があったら、かっこよくありませんか？

何より、ほかでは売れてないものをガンガン売ると、在庫がどんどん補充されるので、売り逃がしを心配しなくて済みます。

売れないものは、最初の1点がどうやって売れたかを研究してみましょう。売れた理由を考えて、それをお店のスタッフ全員で共有して、お客様に伝えましょう。

余談ですが、**売れない商品は、たいていその1点では売れません。何かと合わせることで劇的に素敵に見えることが多いもの。**

それを見つけられたら、セットでおすすめできますから、客単価アップに一役買ってくれるアイテムになるのです。

在庫がないから売れないと言う前に、売場全体を見まわして、売れていない商品をどうやったら素敵に見せて、ご紹介できるかを一度考えてみましょう。

「着られない、使えない、でも捨てられない」商品を売らない

「たんすの肥やし」とは、買ったものの一度も着なくて、そのままたんすやクローゼットに眠らせている洋服のことを言います。

その理由は、着ていく場所がない、そもそもなんだか似合わない、派手すぎる、地味すぎる、合わせるものがよくわからない……などなど。

いろいろな理由がありますが、どんな人にも1枚や2枚、そういった洋服があるのではないでしょうか（お恥ずかしい話、私もたくさん持っています……）。

最近は、たんすの肥やしをネットオークションやネットフリマなどで売ったりする人も増えましたね。

しかしながら、着られるものだけを買っていれば、一度も着ずにどこかに売ったり

しなくていいわけです。

一度も着ていない洋服は、もったいないという気持ちと共に、「なぜ買ったんだろう」と自問自答してしまいます。

似合わないのに、販売員に「似合っている」と言われた（気がする）。

サイズが合っていないのに、販売員に「ぴったり」と言われた（覚えがある）。

なんとなくだまされたような気さえしてくるのが不思議です。

では、お客様にそんな思いをさせないために、できることはなんだと思いますか？

①サイズが合っていないものは売らない。もしくはその場でお直しをする

サイズが多少合っていなくても、「ま、いっか」と買われるお客様がいらっしゃいますが、お客様が悩んでいるようなら、無理におすすめすることはやめましょう。

ここは、**目の前の売上よりも、今後の信頼を取ったほうが、結果的に今後の客単価アップにつながります。**

また、お直しなどは、「後から出そう」と思ってもなかなか出さない場合が多いですし、特にボトムは裾直しをしていないと、すぐにはけず、そのままたんすの肥やしになってしまいがち。購入していただいたら、すぐに着られる状態にして差し上げましょう。

②着こなしを伝える

実は、**主役級のアイテムほど、たんすの肥やしになっている場合が多くあります。**気に入りすぎて、「いざという時に着よう」と考えているうちに、そのまま着る時期を逃してしまうのです。ネットフリマを見てみると、「お気に入りすぎて、あまり着ないまま、サイズが変わって着られなくなりました」というようなコメントをよく見かけます。

個性的だったり、1点で絵になるアイテムこそ、ふだん使いでも着られる着こなしをお伝えすることで、たくさん着る機会をつくってあげることが大切です。**洋服は、たくさん着てこそ活きるのですから。**

③「着こなしを聞きに来てください」と伝える

お客様が1点だけを購入する場合でも、着こなしについてはお伝えしておきましょう。

そして、「まずお持ちのアイテムに合わせていただいて、それでも着こなしがわからなかったら、**遠慮なく聞きに来てくださいね**」とお伝えします。

そうは言っても、それだけを聞きに来る方は稀なのですが、でも次回のご来店時に「この前買った〇〇とも合うかな？」と、その時お選びいただいた商品を見ながら、相談してくださる方が増えます。

そうすることで、前に買った商品がたんすの肥やしになることなく、もう1点の売上を後日プラスできるようになるのです。

その場での満足だけが、お客様の満足のすべてではありません。

買った時の満足。おうちに帰って袋から商品を出した時の満足。その商品を着て出かけた時の満足。着ている服を誰かに褒められた時の満足。

何度もお客様に「買ってよかった」と思っていただくためには、たんすの肥やしを売るわけにはいきません。

ぜひ、たくさんの満足をお客様に味わっていただけるように、無理におすすめするのではなく、着てもらえる情報と一緒に、商品をお渡ししましょう。

「2点で10％OFF」。2点決めた時点でおすすめをやめていませんか？

ゴールデンウィークなどの長期休みが続く時期は、どこのショップも売上を上げるべく販促対応を行ないます。

全品10％OFFだったり、アイテム限定の割引だったり、ポイントアップだったり、ノベルティプレゼントだったり。

その中で、客単価アップに効果的な施策として、よく使われるのが**「バンドル販促」**です。

1点では割引なしだけれど、2点買ったら10％OFF、というように、複数点買っていただけると割引になる施策です。

販売に自信がないスタッフも、バンドル販促をすると、お客様へお得な情報をお伝えできるためか、ふだんと比べものにならないくらい「もう1点」を積極的におすすめするようになるので、売上を上げられるだけでなく、接客体験を増やしたり、接客に自信をつける機会にもなります。

しかしながら、もともとたくさん売ることに対してハードルが高い販売員は、バンドル販促をやっているにもかかわらず、なぜか「2点で○○％ＯＦＦ」という施策を行なうと、必ずと言っていいほど、2点の購入が決まった時点で、接客をやめてしまうのです。

なぜでしょうか。

では、2点で10％ＯＦＦ、3点だと15％ＯＦＦという販促に変えたらどうでしょう。すると、2点までは必ずおすすめできる。3点目もなんとかおすすめするけれど、3点購入まで到達しないまま接客を終了してしまうことが多いのです。

とりあえず、少しでも割引になるところで、接客を終えてしまうんですよね。

2点で10％ＯＦＦという販促の場合、2点買うと2点とも10％ＯＦＦ。10点買った時は10点とも10％ＯＦＦ。つまり、2点以上はすべて10％ＯＦＦになります。

だったら、たくさん買っていただいたほうが、お客様はよりお得にならないでしょうか？

2点で接客をやめてしまうのは、「お客様はたくさんは買わないだろうから、せめて割引になる2点はおすすめしよう」という、勝手な思い込みです。

繰り返しますが、買うか買わないかは、お客様が決めること。だから、安心していろいろお見せしたらいいのです。しかもバンドル販促ですから、たくさん買うほど必ずお得になります。

ここで、少し矛盾する話になりますが、割引施策は、あくまでもプラスアルファだと考えてください。

「割引して買ってもらう」施策は、ともすると「割引しているんだから、買ってくれるよね。たとえ、すごく気に入っていなくても」という、甘えが出てきます。

そんな甘えがあると、割引しているのに買ってもらえなかった時、なんだか不満に思ってしまうのです。「せっかく割引しているのに？」と。

それでは本末転倒です。お客様は、割引だから買ってくれるなんてことはあり得ません。

「お客様は、気に入っているものが割引になっていたら、購入しようと決断するハードルがやや低くなる」くらいに思っておいたほうがいいのです。

バンドル販促をやっていると、「安くなるんだから2点は買ってくれるでしょう」という気持ちになりがちですが、そうではありません。

せっかくのバンドル販促を最大限に活かすには、お客様がたくさん買ってくださるように、お似合いになる組み合わせをしっかりご提案して、その中から必要なものを選んでいただく、いつもの当たり前の接客をきちんと行なうことが大切なのです。

その上で、複数点買っていただけることになった時には、「今日は2点以上のお買い上げで10％ＯＦＦになるので、全品10％ＯＦＦにいたしますね」と、お得に買い物ができたことを再度お伝えしたり、もう1点おすすめする時に、「こちらも割引になるんですよ」と伝えられると、よりお客様に施策のメリットを感じていただけます。

せっかくのバンドル販促。客単価アップにものすごく貢献する施策なので、ぜひ効果的に使ってくださいね。

お客様が気に入っているのに、試着をあきらめた商品。あなたもすぐにあきらめていませんか？

私事ですが、最近になって気になるブランドがあります。

しかし、そもそも私の年齢でそのブランドが好きって、はたから見たらどうなんだろう？　と考えてしまうと、そのブランドのお店に入ることも、「好き」と言うことさえも躊躇してしまうのです。

たとえばですが、服の場合、自分の嗜好が人と少し違っていたり、マイナーなブランドが好きだったりすると、それを人に話すことが恥ずかしいと思うことはありませんか？

太っているのに、それを着るの？
痩せているのに、それを着るの？
若いのに、そんなの着るの？
年なのに、そんなの着るの？
お母さんなのに、そんな派手な服着るの？
お父さんなのに、そんな若そうな服着るの？

世の中にはたくさんの目があって、立場が変わるとその目も変わります。

そんなことは気にしないで、好きな服を好きなだけ着たらいいと思いますが、なかなか世間の目をすべて無視して生きるのは難しいんですよね。

しかし、だからといってすべてをあきらめる必要はないと思います。

自分の気持ちも、まわりの目も、どちらも否定しないという選択もできるはずです。

そして、その選択肢を伝えられるのが、私たち販売員なのです。

白い服を手に取って見ているお客様。ご試着をおすすめすると、「白って太って見えるよね」とおっしゃったとします。

こう言われた時に、「色違いで、ネイビーもございますよ」と、太って見えないと思われる色をおすすめしたり、「そんなことないですよ」と、とりあえず否定してはいませんか?

CHAPTER2のニーズチェックの項でも書きましたが、ここでお客様が求めている答えってなんだろう? と考えると、きっと「白って太って見えるよね」の言葉の続きがあるようなのです。

「白って太って見えるよね。(でも、素敵だな。着てみたいな……)」

どうしてかと言うと、本当に心から太って見えると思う商品を、わざわざ触って「太って見えますよね」とは、聞かないと思いませんか?

お客様は気になっているから手に取っているのです。着てみたいとは思うけれど、不安だから「太って見えるよね」と聞いているのです。

ですから、ぜひお客様の気持ちを汲み取って欲しいのです。

「たしかに白は太って見えると言われますね」と、お客様の言葉に寄り添った後、「でも、軽く見えるのも白なんですよ」と、白のよさを伝えます。

さらに、「気になるようでしたら、たとえばこういった濃い色の細身のパンツと合わせると、すっきり見えますよ」という風に、白でもすっきり見えるコーディネートを提案するのです。

「服は、それだけで着ることってないんですよね。体が中に入って初めて『服』になるんです。まずは着てみてください。白はたしかに太って見えやすい色ではありますが、濃い色ばかりだと、コーディネートが重たくなりますよね。せっかくですから、一度試してみましょう」

このようにご試着をおすすめします。

本当は好きな服を着てみたいけれど、人からどう思われるかが気になるお客様は、秩序を重んじ、人を敬っているからこそ、人の目が気になっているのです。

でも、その時のお客様自身の本当の気持ちは隅に追いやられている状態です。

しかし、私たち販売員としては、目の前のお客様を喜ばせたいですよね。

だから、お客様が着たいと思う商品を、他人から見ても素敵だと思ってもらえるようにと考えて、お客様に伝えるのです。

お客様が、本当は着たいと思っている商品を、販売する側があっさりあきらめる必要はありません。

1点では解決できない問題でも、コーディネートでご提案することで解決できることはたくさんあります。

「派手」と思われるなら、シックなカラーとのコーディネートを。

「地味」と言われるなら、差し色のインナーや小物のご提案を。

「私の年齢だと着られないよね」と言われたら、どこがそう思うのかを聞いてみて、それを解決できるプラスアイテムを。

あきらめずにこうしたお手伝いができたら、客単価アップにつながるだけでなく、お客様にも喜んでいただけるはずです。

・・・・・・・お客様が心配を口にする前に、こちらから心配してあげる

買い物というのは、多少なりとも不安がつきまとうものです。

では、お客様に安心して買っていただくためには、何をしたらいいのでしょうか。

それは、**お客様がその商品を買うことに対して抱えている不安を察して、それをあえて聞いてみることからはじまります。**

お客様の抱えている不安をどうやって察知するかというと、まずは、お客様の行動を気遣いながら見ることです。

お客様の行動は言葉よりも多くのことを教えてくれます。

試着した時、お客様は気になっている部分をやたら触ったり、見たりして確認する傾向があります。

そうした見たり触ったりしている部分について、「心配しています」という気持ちを込めて、お聞きしてみるのです。

「袖の長さが、少し気になりますか？」「ウエストのサイズはちょうどいいですか？」「少し細身のタイプなので、太ももあたりが気になりますか？」などなど。

このように、きちんとお客様を見て、「心配して」声をかけると、たいてい「そうなんです」と気になっている原因を教えてくださいます。原因がわかれば解決策がスムーズにお伝えできますよね。

また、「もう1点」のおすすめにも「心配」は役立ちます。

ある販売スタッフの話です。こども服売場を担当しているその方は、必ずどのお客様にも最後に「靴下は大丈夫ですか？」とお声をかけていました。

「靴下はこちらにございますよ」でも、「靴下はいりませんか?」でも、「新作の靴下が入りましたよ」でもありません。

「靴下は大丈夫ですか?」です。

日本語としてはおかしな感じがするのですが、言われたお客様のほとんどが、「そうね。買っておこうかな」とおっしゃるのです。

それはきっと「大丈夫ですか?」のお声かけに秘密があるのだと思いました。

男児服のブランドだったので、靴下は消耗品。替えはいつも必要なのでしょう。しかも成長期だと、サイズもすぐに変わってしまいます。

そんなお母様であるお客様に、心配そうに「靴下は大丈夫ですか?」とお伝えする言葉が届いた結果だったのです。

靴下といっても、1足1000円くらいします。それを、すべてのお客様におすすめしていたので、そのお店では、靴下の売上がいつもよくて、そのプラス1点が、結果的にそのお店全体の売上を伸ばしてくれるアイテムになっていました。

あなたのお店に消耗品に近い商品があれば、ぜひ「大丈夫ですか?」とお客様を心配して聞いてみてください。

なぜなら、その商品が必要かどうかを知っているのは、お客様だけなのですから。

COLUMN 3

売れる販売員の共通点「セールが嫌い」

いろいろな売れる販売員を見てきましたが、一概に「こういう人が売れる」というのはないと感じています。

ただひとつ、共通点があるとしたら、「セールが嫌い」ということです。

セールをしたら、定価で買っていただいたお客様に申し訳ないし、何より売上が上がらないと言うんですよね。

例えば、1万円の売上をつくる場合。

1万円の商品を1枚売ると1万円の売上がつくれますが、半額になっていたら、2枚売らないと1万円の売上がつくれません。

全品半額だったら、100万円の売上をつくるためには、定価で200万円分の商品を売る必要があります。

1万円の商品なら、定価だと100枚売ったらいいところを、200枚売らないといけないということになりますから、大変です。

セールになると、買っていただきやすくなりますし、売れる確率が高くなります。でも、その分、点数を売らないと売上がつくれません。

1点を売る労力は、定価でもセールでもあまり変わらない（と、売れる販売員は言います）ので、だったら、定価のほうが売上がつくりやすいんだそう。

売れる販売員だからこその話なのかもしれませんが、セールだったら、より売らないと売上が取れないということを考えると、定価商品で売上が取れたら、もっとお客様一人ひとりに時間をかけられるのではないかと思います。

「セールにしないと売れない」ではなく、「定価で売ったほうが楽」と言えるようになれたらかっこいいですよね。

CHAPTER 6

つらいのは販売員だけ？
お互いが最高に幸せになる
客単価アップ接客

沈黙を不安に思っているのは誰ですか？お客様の考える時間を奪わない

お客様と会話が弾んでいる間はいいのですが、急に会話が途切れたり、お客様が黙ってしまったりすると、「このままでは売れない」という焦りや恐怖心から、〝買ってください〟全開のマシンガントークになってしまう販売員がよくいます。

しかし、お客様が黙っている時は、黙っている理由があるはずです。

特に、最初からまったく話をしていなかったわけではなく、途中から急に黙った場合。そのほとんどが、考え込んでいる時です。

「これに似たようなもの、この前買わなかったかな」
「家にあるスカート、これに合うかな」
「これを買ったら、気になっていた〇〇、買えないかも」

「明日着るには、ちょっと薄いかな」

このように悩んで考え込んでいる時に、横から「これはすごく人気ですよ！」「これ、絶対買いですよ！」「お客様にとてもお似合いだと思います！」などと立て続けに言われたら、**考え事に集中できなくて、「うるさい販売員」と思われるのも無理ありません。**

ちょうどこのような話を、メンズ売場の販売スタッフにしていた時のことです。時期は12月。セールがはじまってすぐの頃です。売場の商品はほとんどがセールになっていましたが、一部値下げしていないものもありました。

その値下げしていない商品をご覧になっている男性のお客様。ご自分用のダウンコートを見ていらっしゃるようでした。そして、娘さんらしき方が隣にいます。

丁寧に商品をご説明し、ご試着いただき、とても気に入っていただいているご様子ですが、やはりセール時期。値下げになっていないことが気になるようでした。

お客様から「これって、値下げしてないんだよね」と聞かれて、「そうですね。こちらは値下げにはなっていないんです」とお答えしました。

その答えを受けて、じっと商品を見つめるお客様と一緒に、じっと商品を見つめて黙る私。

私の隣についていた販売スタッフも、「お客様が考え込んでいる時には話しかけない」と言われた直後だったので、隣でじっと黙っています。

シーンとした状況がしばらく続いた後、そのお客様は、隣にいた娘さんに「どう？」と一言聞きました。娘さんがそれに対してこっくり頷くと、「じゃあ、これください」と、商品を差し出されました。

「ありがとうございます」と私が商品を受け取り、隣にいたスタッフにレジをお願いすると、スタッフは驚いた様子。後から聞いたら、まさか買っていただけると思っていなかったようです。

たしかにセール時期でも値下げしていない商品。しかもコートだったので、かなりのお値段。「まさか購入されないだろう」と思っても当然かもしれません。

もしもこの時、お客様が買うか買うまいか考えてくださっている時間を、こちらの不安感から奪ってしまったなら、買っていただけなかったんじゃないかと思います。

お伝えすべきことを、きちんとお伝えした後は、お客様が買うか買わないかを決める時間です。買わせようとして、いろいろ言うのはお客様にとっては邪魔なだけです。

お客様にどうしても伝えたいことがあるのであれば、買うと決められた後に伝えてみてください。

「こちらの商品、実はとても人気で。サイズが残っていてよかったです」

「とてもお似合いだったので、選んでいただけてうれしいです」

このようなセリフを、「買う」と決めてから言うの？　と思われるかもしれませんが、お客様に必要な情報をしっかり伝えた上であれば、実は必要なのは、買うと決めていただいた後のフォローなのです。

多くの人は、買うと決めてからお金を払う間に、「これでよかったのかな」と悩む時間があります。

その時にこそ、「この商品を選んで間違いなかったですよ」の一言が欲しいのです。

考え事をしている時は邪魔をしない。

そして、購入を決めた後に、ほっとする一言を伝える。

このメリハリがお客様の安心につながり、高くても「買ってよかった」という気持ちと満足感になります。

お客様だって罪悪感がある。断られた瞬間の表情、気にしていますか?

皆さんは、いつも買い物をするお店が決まっていますか?

多くの方が、洋服ならここ、靴はこのブランドと、ひとつのお店だけでなく、複数のお気に入り店があるのではないでしょうか。

洋服を買う場所はたくさんあります。路面店、ファッションビル、百貨店、モール、ネット。

これだけたくさんのお店やブランドがあると、いろいろなお店でいろいろ見たいというお客様の声はよくわかりますよね。

たくさんあるお店の中で、**最終的にどこで買うか？　という時には、「やっぱりあの店で見たあの商品がよかった」と思ってもらえるかどうかが、売上を上げるためには大切ですよね。**

これには、ほんの少しの気配りで差をつけられるポイントがあります。

それは、お客様が商品を選ばず、**「ちょっと、ほかのものも見たいので」とおっしゃってお店を出て行こうとする時の販売員の表情です。**

以前、接客の覆面調査のお手伝いで、あるファッションビルをまわらせていただいた時に、とても実感した出来事のひとつがこのことでした。

覆面調査は、接客されても買わないことが前提です（何十店舗もまわるので、いちいち買っていたら大変なことになりますから)。

たいていのお店で楽しく会話が弾むので、「買ってくれそう」と思うのでしょう。しかし、「ほかのお店も見たいので」と切り出した途端、販売員は能面みたいな無表情になります。**まるで「ここまで話して買わないの?」という不満が顔に貼ってあるようです。**

覆面調査とはいえ、期待させた私が悪いので、その気持ちもわかります。ですが、そんな表情をお客様に見せてしまうのは、本当にもったいないことしているのです。

なぜなら、その中でたったひとりでも、

「そうですよね。いろいろ見たいですよね。ゆっくり見て来てください」

と言ってくれる販売員がいたらどうですか? とても記憶に残りませんか?

お客様に能面のような表情を見せるのも、「大丈夫ですよ。いろいろ見て来てください」と笑顔で見送るのも、そんなに労力は変わりません。

それならば、**お客様にいい意味で記憶に残る行動を取ったほうが、絶対にいいはず**

です。

ある時、ご夫婦で来られたお客様にアウターをご紹介した際、奥様に「まだ来たばっかりだから、いろいろ見て来てもいいですか？」と聞かれました。

「ぜひぜひ！　アウターは安くないお買い物ですから。じっくり見られて、ご自分が一番気に入ったものを買ってくださいね。でも私は、このアウターがとてもおすすめなので、気になったら遠慮なく戻って来てください」とお伝えして、お見送りしたところ、しばらくして、そのご夫婦が戻って来られました。

「とても感じがいい人だったね、とふたりで話していて。このお店を出た瞬間から、ここに戻ってきて、買うことに決めていたの」と、とてもうれしい言葉を言われたことがありました。

実は、そんな私も最初からこのような接客ができていたわけではありません。

とても売れる販売スタッフから、「お客様もね、断る時には、罪悪感があるのよ。だから、断られた時ほど、丁寧にお見送りするの。そうするとね、ああ、またこの店に来ようって思ってもらえるから」と教えてもらったのです。

断られたり、違うお店を見てみたいと言われたりした時ほど、笑顔で丁寧にお見送りする。こんな、ほんの少しの気遣いが、「あなたから買いたい」につながります。

「お買い得になっていますよ」は最後の言葉

お買い得品はうれしいものです。

特に、気になっていた商品が安くなっていたらとてもうれしいものです。

そう思うと、お客様に対して、

「お買い得になっていますよ」

「セールになっていますよ」

と言うのは、うれしい情報をお伝えすることなので、お客様皆さんに喜んでいただけそうに感じます。

しかし意外と、「私がうれしいから、みんなもうれしいはず」と思うのは、必ずしもそうではない場合があるのです。

セールに興味がない人や、逆にがっかりする人だっています。

たとえば、数日前に正規の値段で買った商品が値下げになっていた時。

値下げ指示は、販売員がコントロールできるわけではないので、値下げしたくないものも値下げしないといけないことがあります。

以前、値下げした商品を値下げ前に購入したお客様がいらっしゃるのをお見かけし、急いでそのお客様が購入した商品を売場からそそくさと裏のストックに持って行ったことがあります。それも一度や二度ではありません。

仕方のないことだとわかっていながら、やっぱりお値下げ前に買っていただいたお客様をがっかりさせたくないと思うからです。

この時は、自分が接客したお客様だったから気がつきましたが、自分が接客しておらず、値下げしたばかりの商品をご覧になっているお客様に、満面の笑顔で「そちら、セールになったんですよ」と言ったらどうでしょう。

「この前、買ったばかりでまだ着ていないんだけど……」なんて言われてしまったら、気を失いそうになります。

また、安くなっていることに、不安を抱く人だっています。

「こんなに安くなっているなんて、何か問題があるんじゃないか」「売れ残っているからセールなんじゃないだろうか」などなど。

「お安くなっていますよ」と言われたら、自分が安物しか買えないと思われているんじゃないかと思ってしまうという方もいらっしゃいました。

「安いから買ってください」を多用するのは、その商品の価値を下げてしまっているような気がします。

まずは、商品の価値ありきです。

単に「お安くなっていますよ」ではなく、その**商品のよさを説明し、お客様にとっ**

てメリットがある商品であることをお伝えした上での、さらに、「お買い得になっているんですよ」という言葉が、タイミングとして一番効果を発揮するのです。

販売するほうも「お買い得になっていますよ」が接客のスタートだと、「安ければ買うでしょう」という気持ちで接客してしまうので、その接客を続けていると、「安くないとお客様は買わない」という暗示にかかってしまい、セール時期が終わった後の定価の商品を売る大事な時期に、最初の言葉が出てこなくなります。「お安くなっていますよ」という言葉がないと、最初のひと声がかけられなくなってしまうのです。

できれば、「お買い得ですよ」「セールになっていますよ」は、最後の一押しくらいに考えておいたほうがいいのです。

「たまたまお買い得になっていますよ。よかったですね。ラッキーでしたね」という感じでいきましょう。

お客様に笑顔になっていただくための魔法の言葉として「お安くなっています」は、最初に出さないほうが何倍も効果を発揮してくれます。

定価は損？　その商品がその値段である理由をきちんと知っていますか？

本項では改めて、**「定価で売る意味」**を考えてみましょう。

自分のお店がセールばかりしていたり、自分でもセール品ばかり買っていると、なんだか定価でお客様に売るのが申し訳なくなったり、自分の買い物でも定価で買うと損しているような気分になりませんか？

セールで買うのが当たり前で、定価で買うのは損。

セールイベントが当たり前になりすぎて、セールをやることに対しての特別感がなくなってしまっている状態です。

こうなると、いつもセールしていないと売れないし、さらに、セールしていても売

れないという **〝セールが定価状態〟** になります。恐ろしいですよね。

そうなる前に、定価で売る意味を理解しておきたいものです。

定価は適当につけられているわけではありません。その商品の価値を決めている価格なので、高いものにはそれなりの理由があります。もちろん、安くていいものだってたくさんあります。

何を選ぶかは、お客様の自由です。だから販売側が勝手に、「高いから買わないだろう」と思わなくていいんですよね。

そして、ここからが本題です。

「なぜ、この値段なのか」をお客様に伝え、さらに、その値段以上の価値を商品に上乗せしてお客様に伝えることができるかどうかが、客単価を上げるためには必要です。

3000円のTシャツと1万円のTシャツ。

どこがどう違うのか、見た目ではよくわからなかったとします。

販売員が何も言わなければ、きっと「3000円のTシャツでいいや」となるでしょう。

だから、見た目でわからないことほど、販売員がお客様に伝えるべきなのです。なぜなら、伝えられる人はほかにはいませんからね。

誰が見てもわかることは、いちいち伝える必要はありません。

見た目ではわからない、このTシャツが1万円である理由を探してみましょう。

素材がいいのかもしれませんし、限定商品なのかもしれません。

コラボ商品なのかもしれませんし、デザイナーが有名なのかもしれません。

見えないところにこだわりが詰まっているのかもしれません。

着てみると、着心地が抜群によくて、ほかのTシャツが着られなくなるくらいかもしれません。

こんな風に、あなたが自分のお店で「高いな」と思った商品があったら、ぜひその理由を調べて欲しいのです。

そこで、「ああそうか。それでこの値段なんだ」とあなたが思えたら、それをそのままお客様に伝えてみましょう。

さらに、もうひとつ。

値段以上の価値を商品に上乗せしてお客様に伝えることができるかどうかという点です。これは、価値を上げるために大げさに言うということではありません。

「お客様だったら、こういう着こなしに使っていただけるとより素敵ですよ」というような着こなしの提案だったり、「ご家庭でお洗濯できますが、干す時は、陰干しにしていただくといいですよ」というようなケアの仕方をお伝えしたりすること。

さらには、お客様とのたわいない会話や気持ちのよい挨拶。

お客様を笑顔にさせる行動の一つひとつが、商品の値段以上の価値となってお客様にお届けできるのです。

あなたの知識やあなたの気遣いで、商品の価値を上げることができるのです。

これってすごいことではないでしょうか？

加えて言うと、**セールになる前に買ったほうが、そのシーズンでたくさん着ることができるというメリットもあります。**

これは意外と考えられていないと思いますが、1万円の商品を早めに買って、今年10回着ることができた場合と、時季の終わりに5000円で買って、今年は1回しか着られなかった場合、どちらがお得なのか？　ということ。

来年着たらいいと考える人もいるでしょうが、やはり今年買ったものは、今年らしさというものがあります。定価で早く買っていただくことは、一概に損をさせているとは言えないのです。

定価で買っていただいても**「損させない」**というよりも、**どうしたらお客様に「得したな」と思ってもらえるかが大切なのです。**

断るハードルを下げると、買うハードルも下がる

販売は、「誰かに何かを提案する、ご紹介する」という仕事なので、自ずと断られ

ることが多くなります。断られると落ち込みますよね。

でも、断るお客様だってストレスを感じているのです。あなたも、何かを頼まれたのにそれを断る時、気まずさを感じたことはありませんか？

目の前の人ががっかりする様子は誰も見たくないもの。お客様だって、断る言葉やタイミングを選んでいるのです。

お客様がストレスに感じているこの部分を、うまく解決してあげられたら、きっともっと楽しく買い物をしていただけると思います。

ではどうしたらいいのかというと、断るタイミングをこちらからつくってあげるのです。

「これはやめておきましょうか？」と。

頑張り屋の販売員にありがちなのが、とにかく押すことです。お客様が断りそうになると、断られないように懸命に説明を繰り返します。

実は、それは誰の得にもなっていません。

接客時間ばかり長くなり、お客様は商品のことより、どうやって断ろうかということだけに気持ちが傾きます。

そして最終的に、「やっぱりやめておきます」と言われて、がっかりする販売員。

このように、**誰の得にもならない**のです。

だからこそ、お客様が断る理由やタイミングを探っている様子（目が商品を見てもうれしそうじゃない。目線が下を向いている。愛想笑いをするなど）が見られたら、こちらから先に、「こちらは、やめておきましょう」と言ってしまいましょう。

すると、お客様の顔がぱっと明るくなり、「そうね、今日はやめておくわ」とおっしゃるはずです。

一見、ダメな販売トークのように感じられるかもしれません。しかし、断るハードルを下げると、同時に買うハードルも下がるのです。

「簡単に断れるんだ」とお客様に感じていただけると、気持ちが軽くなって、躊躇なく商品を見てくれるようになります。

ですから、「こちらはやめておきましょう」と言って接客を終了するのではなく、「では、こちらはいかがですか?」と、新たな商品を見てもらうのです。

「え? 断られたのにまた見せるの?」と思うかもしれませんが、断られたのは、目の前の商品を買うことを断られただけ。「買い物をしません」と言われたのではありませんん。

おすすめは〝ダメ元〟です。そして、実際にやってみると、意外にもダメではなかったりします。

断られることに恐怖心を覚えて、1点もおすすめできないよりも、お客様の断るハードルを下げた上で、気軽にもう1点をお見せできる人が、結果的にたくさんの商品をお客様に買っていただける人になれるのです。

COLUMN 4

自信を取り戻すきっかけ

実店舗しか知らなかった私が、EC（ネットショップ）担当になって、最初に思ったことは、「何を言っているのか、全然理解できない!」ということ。KPIとか、UUとか、SEOとか、CVRとか……。知らない単語ばかりが出てくるのです。

最初の打ち合わせ時は、ほぼ意味不明。とにかく、みんなが何を言っているのか、わかるようになるために、まずはネットショップ実務士資格を取りました（必死です）。

ニュースなどで、ネットワークセキュリティの脆弱性について説明している偉い方が、内容を把握していないと質問者に叩かれているのを見た時、他人事ではない気持ちになりました。

「私なんか、役に立つのかなあ」と、心底不安な日々を過ごす中、「せっかく店頭経験があるのだから、メルマガに入れる商品説明文を書いてみませんか」と言われて、おそるおそる書いてみたところ、そのメルマガを通して商品を買ってくださった方がいらっしゃいました。

その資料を見せていただいた時の安堵感といったらありません。「私、ここに居ていいんだ」と、心からほっとしました。その資料はいまだにお守りとして持っているほどです。

どんな仕事でも、必要とされないとしんどいですよね。

販売は特に、売れないと自分の価値を見出せなくなりがちですが、そんな時でも自信を取り戻すきっかけは、絶対どこかにあるはずなんです。

EC兼任になって、そんなことを考えるきっかけをもらった私なのでした。

そして本書が、誰かの自信を取り戻すきっかけになったらいいなと思っています。

CHAPTER 7

さらに客単価アップ!
意外と気づかない、
お客様があなたから
もう1点買いたくなる接客

意外と聞かれている、お客様との接客トーク。聞いている別のお客様も同時に接客！

電車の中やカフェ。誰かといる時は気にならないのに、ひとりでいる時に自然とまわりの会話が勝手に耳に入ってくることはありませんか？

特に興味がある内容だったりすると、会話の内容が気になってしまって、聞こうという意識がなくても聞いてしまうことがあります。

実は、お店の中でもそういうことがあります。ある時、私がひとりのお客様にお洋服に合わせてバッグをご提案していました。そのお客様は予算の都合もあり、バッグはあきらめて、お洋服のみ購入ということになりました。

お会計を済ませて売場に戻ると、すぐさま別のお客様から声をかけられました。

「先ほどの方にご紹介していたバッグ、見せてもらえますか？」と。

そのお客様が近くにいらっしゃったことはわかっていて、「いらっしゃいませ」とお声はかけていたものの、別のお客様を接客していたので、そちらのお客様にはまだ何もおすすめしたり、ご紹介したりはしていない状況。

なのにそのお客様は、私が説明していた商品に興味を持ってくれていたのです。

そのお客様いわく、隣で私が説明していたバッグが気になって気になって、買われてしまったらどうしようとハラハラしながら見ていたとのこと。

購入しないということがわかり、ぜひちゃんと見てみたいと思って、声をかけてくださったそうです。そしてうれしいことに、そのバッグを購入していただくことができました。

接客をしている時は、目の前のお客様にお話ししている内容を、知らないうちにいろいろな方に聞かれていることがあります。

ふたりのお客様を同時に接客するスタイルを「ダブル接客」と呼ぶのですが、本当にダブルで接客する時はとても大変です。ふたりのお客様、それぞれに提案と相談と共感を繰り返すので、頭の中がフル回転になります（すごい販売員は、トリプル接客までこなすというのですから、本当に尊敬します）。

ですから、ひとりのお客様を接客しながら、別のお客様も自然と接客できたら、こんなにラッキーなことってないと思います。

そこで、目の前のお客様に説明している時も、まわりの状況を見ながら、説明してみるようにしましょう。**「なんだか、見られているな」と感じたら、少しだけ声のボリュームを上げて、遠目で見ているお客様にも聞こえるように接客してみるのです。**

つまり、自分の発言がいろいろな人に聞かれていることを意識しましょうということ。

これについては、よくよく気をつけて欲しいのですが、お客様が試着室に入った途端、気が抜けて他のスタッフと関係のない話をしたり、休憩時間に館の中にあるカフェなどで、お客様のパーソナルな情報を他人に話したり。

そんな話を意外と聞かれている可能性があるのです。

そして、その不用意なおしゃべりが、お客様のご来店を遠ざけてしまうことだってあります。

売場では、常に誰かに自分の発言を聞かれている。館の中では、常に誰かに自分の行動を見られているくらいに思っていてください。

売場で、パーソナルな内容を話す必要がある場合は、場所と話す内容を考えるようにしましょう。

そういった心遣いを忘れないスタッフが、お客様に信頼されて、何度も足を運んでくださるお店にすることができるのです。

決めるのはお客様。だけど、「ちょっとだけ押してください」というお客様の声を逃さない

お客様にたくさん売ることに対して罪悪感がある販売員がいるように、**お客様の中にも、「買う」ことに対して罪悪感を持っている方がいらっしゃいます。**

無駄遣いは悪いこと、節約は正しいこと、理由がないと買い物ができない人、などなど。

たしかに、無駄遣いは悪いことかもしれませんが、そもそも無駄な買い物なのかどうかの基準が難しいですよね。

たとえば、ケーキやコーヒーなどの嗜好品。無駄と言えば無駄ですが、気持ちをほっとさせるための出費なら、それは無駄ではないかもしれません。

節約は正しいことだとは思いますが、必要以上に節約してイライラしたり、しんどいと思ってしまったりするのであれば、もしかしたら、それは正しいとは言えないのかもしれません。

とはいえ、そうした「世の中の基準」に合わせて、理由がないと買い物ができない人は、意外と多くいます。

また、人のためにはお金を使えるのに、自分のためには使えないという心優しい人も多くいます。

こどもにはお金を使えるのに、自分には使えない人。親にはお金を使えるのに、自分には使えない人。買っていいよとまわりは言っているのに、遠慮しちゃう人。

そんな、自分の気持ちを抑えてしまうことに慣れてしまったお客様の心に、販売員は寄り添ってみて欲しいのです。

そうすることで、実は、売る側の私たちがイライラしなくて済むことにもつながります。

「なんでこんなに安くなっているのに買わないんだろう」「なんでそんなに悩んだ挙句、買わないんだろう」。買うことに躊躇してしまうお客様に対してこのように考えてしまい、イライラしてしまったことはありませんか？

そんな時には、**「自分のことは二の次に考える優しい方なんだな」「買うことに罪悪感がある優しい方なんだな」と思ってみるのです。**

そういうお客様だって、買い物がしたいからこそお店に来ているので、そんな人にこそ買い物を楽しんで欲しいと思います。

自分の「好き」をちゃんと言える場所をつくって欲しい。 自分を一番に考える時間をつくって欲しい。そしてその場所が自分のお店だったらいいなと思いませんか？

そうなってくれたらお客様も幸せな気持ちになって、売上だって上がります。

では、そんなお客様に対して、販売員として何をしたら買い物を楽しんでいただけるのかと言うと、**買ってもいい理由をつくってあげることです。**

無駄遣いをしたくないと思っているようであれば、「これだとお仕事にも、ふだんにも使っていただけますし、素材が綿なので、真夏以外、スリーシーズンお使いいただけますから、とても便利に利用していただけると思います」と、たくさん着まわせることをお伝えします。

そして、「着こなしがわからなかったら無駄になってしまうので、ぜひいつでも聞きに来てください」とつけ加えましょう。

また、人のためにはお金を使えるのに、自分のためには使えない方には、たとえば、プレゼントをお探しになっていたら、「ご自分の分は大丈夫ですか？」と声をかけてみます。

「プレゼントを探しています」とお客様からお聞きすると、どうしてもプレゼントだけをお探しして、そこで買い物を終わらせてしまいがちですが、別にプレゼントだけしかおすすめできないわけではありません。

もしも、プレゼントを買いに来ているお客様自身におすすめできる商品がお店にあるのであれば、ぜひ紹介してみましょう。


よく接客で使われる**「たまには自分へのご褒美を買ってもいいんじゃないですか」**という言葉。

誰に対しても使える言葉ではないですが、「欲しい、買いたい」という気持ちがとてもよくわかるのに、買い物をすることを我慢しているお客様にこそ、お伝えする言葉だと思います。

それでも、「買わない」と言うのであれば、それはお客様の自由です。

買いたいのに、買うことを躊躇しているお客様には、ほんの少しだけ背中を押してあげる言葉を伝えましょう。そして、不安があるのであれば、その不安を少なくしてあげるようにしてください。

「あなたのお店だと、安心して買い物ができる」。そう言ってもらえたら、うれしいですよね。

大きい声、小さい声。使い分けがポイント

第一印象は、見た目のほかに、声も重要な要素です。また、髪型や化粧を変えるよりも、明らかにまわりから反応が大きいのは声。ほんの少し声が枯れているだけで、「風邪ひいたの?」と言われることはありませんか?

それほど、声はコミュニケーションに大きな影響を及ぼしています。

お客様に価値を感じていただきたい時は、大きな声でお伝えするよりも、小さな声

で伝えたほうが伝わりやすいのです。

単に聞き取りやすさということを考えると、大きな声のほうが聞き取りやすいと思いますが、その内容をより聞きたい、理解したいと感じていただけるのはやや小さめの声のほうなのです。

なぜなら、小さな声で話したほうが、気になってしまうからです。

とはいえ、ずっと小声で話していては、お客様も接客する側も疲れてしまいますし、何より、小さな声で話す効果が半減してしまいます。

大きな声、普通の声、小さな声を使い分けるのがポイントです。

大きな声は、タイムセールなど、お客様を呼び込む時に使いましょう。お客様にイベントを行なっていることを気づいてもらわないといけない時、お買い得感をお知らせしたい時、たくさんのお客様にお知らせしたい時などです。

普通に接客する時は、もちろん普通の声の大きさで。

では、どんな時に**小さな声を使うかというと、「ここはぜひ聞いて欲しい」と思う、大事なことを伝える場面です。**

特に、高いものをご紹介する時や、商品の価値を伝えたい時、いつもは安くならない商品が安くなる時など。いつもと違う情報がある時が効果的です。

近づかないと聞こえないような声だと、お客様との距離が実際に近くなるのもポイントです。

接客している途中で、「実はお客様……」と、急に声のトーンを落とすと、「え、何？」と、たいていのお客様は話を聞こうと身を乗り出してくれます。

そこで、

「こちらの商品は限定品なので、ほかのお店ではお取り扱いがなくて〜〜」

「とても高価な糸を使っているからこそ、この上品な風合いが出せるんです」

「さらに、ちょうど、今日から2点で10％ＯＦＦなので、お買い得にお買い求めいただけますよ」

というような特別感のある内容をお伝えします。

買い物をイベントとして楽しんでいただくためには、緩急が大切です。お客様に少しの特別感とドキドキをプラスして、買い物をより楽しんでいただきましょう。

「今年らしさ」に「あなたらしさ」がプラスされると、最強

「今年っぽい」

「今っぽい」

「今年のトレンド」

「春のトレンドカラー」などなど。


今っぽさを伝えたり、流行っていることを表現する言葉はたくさんあります。

「流行っている」と言われると、ちょっと見てみたいし、試してみたいと思う方は多

くいらっしゃいます。

一方、新しいものにも手を出してみたいけれど、つい尻込みしてしまう方も多いのも事実です。

そんな、少し尻込みしてしまうけれど、新しいものに興味がある方にも、より買い物を楽しんでいただくために工夫していきましょう。

まずは、「より買い物を楽しんでいただく」という点を考えると、やはりそこにはパーソナルな情報が必要です。つまり、「あなただけ」「お客様だけ」に向けた情報です。


単に「流行っている」「人気」「今っぽい」だけでは、不特定多数の人への言葉。それでは、お客様に響きにくいのです。

たとえば、いつもパンツスタイルのお客様に、そうとは知らず「今年はワンピースが流行りです」と、突然おすすめしても、「ワンピースは着ないので」と言われて終わりです。

八百屋さんの例になりますが、見たこともない野菜を売るのがとても上手なお店がありました。

その八百屋さんは、見たこともない、もちろん食べたことのない野菜をお客様におすすめする際には、どう調理して、どういう献立にできるか、その食べ方を一緒にお伝えするのです。

さらに、その野菜を食べるメリットまで伝えます。苦みが少なく、お子様でも食べやすい、ビタミンが豊富で美肌にいい、柔らかいので、年配の方にも好まれる、などなど。

そこでやっとお客様は「買ってみよう」「食べてみよう」と思うわけです。

洋服も同じです。ふだん着たことがないものを、いくら「流行っている」「今っぽい」と言われても、着こなせるかどうか不安です。

この新しいアイテムは、どうやって着こなして、どういうシーンで着るのがおすすめで、その時の靴やバッグはどうしたらいいのか。そこまでお伝えして、着ている自分を想像してもらうことが必要なのです。

そこに、「流行っている」「今っぽい」がプラスされることで、その商品が活きてきます。

さらに必要なのが、**お客様に向けた「あなただけ」の情報**です。

いつもパンツスタイルのお客様に、流行りのワンピースをご紹介するべく、着こなしを丁寧に説明したとしても、そこに「お客様」の存在がありません。

いつもパンツスタイルのお客様に、なぜ、そのワンピースをご紹介したのか？　という理由が必要なのです。

「こちらのワンピースは、あまり広がらず、フェミニンな着こなしが苦手な方にも着ていただきやすいデザインなんですよ。特にパンツスタイルがお好きな方に人気があるので、お客様にもお似合いになるだろうなと勝手に想像して、どうしてもおすすめしたかったんです。今年はワンピースがとても人気のアイテムですし」

「いつもパンツスタイルとのことですが、こちらのワンピースはシャツコートのような使い方もできるので、いつものパンツスタイルにも合わせていただきやすいと思いますよ。でもたまには、ワンピースとして楽しんでいただけたらうれしいです。特に、今年は本当にワンピースが人気なので」

こんな風に、「あなただから、おすすめした」「今の着こなしにプラスするとしたら、こういう使い方ができます」といった内容までお伝えすることで、お客様が実際にそれを着た時の自分を想像しやすくなります。

こうして想像していただいた時に、「使えるかも?」と思っていただけることが大切なのです。

そこからチャレンジしてもらえるかどうかは、お客様次第。販売員は、その手助けをしましょう。チャレンジが成功すると、お客様からの信頼度がぐっと上がります。「おすすめされなかったら絶対に手に取らなかった!」とお客様からうれしそうに言われると、「おすすめしてよかった」と心から思えますよね。

買い物の終了は、お客様がお店を出るまで。最後の最後まで接客する

先日、あるお店で買い物をしました。お店の奥まで一度入って商品を見ている時、ふと、そのお店の入口付近にある商品が気になって、入口付近まで戻りました。

すると、後ろから、「ありがとうございました」の声。

そのお店のスタッフさんは、私がもう商品を見るのをやめて、お店から出るのだろうと思ったのでしょう。

一瞬、「え？」と思ったのですが、小心者の私は、そのままお店を出てしまいました。

なんだか、その場にいるのが恥ずかしかったのです。

きっと、毎日売れない日が続いて、しんどくて「どうせ買わないだろう」と思ってお客様を見てしまっているので、お客様が帰りそうな素振りを見せるだけで、「あり

がとうございました」と、とりあえずお見送りしてしまうのかもしれません。

しかしそれは、お客様に**「私の仕事、終わりました」という合図を送ってしまうこと。**

お店の出口まで戻ってから振り向き、また商品を探す方は、意外と多くいます。入店する際に入口から見た景色と、一度中に入ってから見る景色は違うからです。

この時に「ありがとうございました」と言われたら、「早く出て行ってください」と言われているようなものです。お客様との接点はぎりぎりまで保ちましょう。

さらに、もうひとつ。買い物を済ませ、お店を出ようとしたお客様が、入口付近で立ち止まる姿を見たことはありませんか？

一度、買い物を済ませたお客様でも、もう何も買わないわけではありません。買い物をした後、その買い物に満足していたとしても、「もっといいものはないかな」というセンサーは保たれたままの場合がよくあるのです。なので、入口付近でまた気になる商品を見つけられることも少なくないのです。

そこで、「もう買わないだろう」と思って、「ありがとうございました」とさっさと見送ってしまうのではなく、改めて接客に入って、もう1点をおすすめするチャンスをつくってみてはどうでしょう。

買い物を済ませたお客様が、改めて別の商品に興味を示されていたら、**「すみません！　そちらはご紹介していませんでしたね。お目に止まったのであれば、今お時間ございますか？　ぜひ、ご覧いただきたいのですが」**とお声かけしてみましょう。

この時、すでに買った商品と交換になるんじゃないかと不安に思う方もいるかもしれません。

しかし、それこそ後日、最後に見た商品が気になって交換や返品に来られるくらいなら、その時交換していただいたほうがいいと思いませんか？

まずは、交換になることを恐れずに、「もう1点お買い上げしてくださるのでは？」と考え、おすすめしてみることです。

こうして追加でご購入いただけるのはうれしいですが、本当は一度の会計で終わらせたほうが、お客様をお待たせせずに済みますので、最初の接客で、お客様におすすめできる商品はすべてご紹介できていることがベスト。

お会計に向かう前に、一度、売場全体を見まわし、「おすすめ忘れはないか?」を確認しましょう。

それでも、お客様が心の中に持っている「実はこういうのも探していた」というものをすべて聞き出せているかどうかというと、漏れている可能性も高いのです。

だからこそ、お客様のお見送りの言葉は最後の最後まで取っておきましょう。**お店から出られたのを確認して、「ありがとうございました」とお伝えしても遅くはないはずです。**

決まり文句として「ありがとうございました」と言わなくちゃダメだと思っているから、急いで伝えてしまっているのではないでしょうか。

でも、感謝の気持ちを伝えるなら、焦って言う必要はありませんよね。

お別れを惜しむ気持ち。そんな気持ちでゆっくり「ありがとうございました」を伝えてみてください。

●・・・・・・●

ギフト需要でも客単価アップは可能。お客様の「予算」にとらわれすぎない

店舗販売でよく聞く、あるある話のひとつに、

「ギフトが多いと、セット率が下がり、客単価も下がる」

という話があります。

たしかに、ギフトの場合、複数購入する方は少ないですし、ご予算をお伺いして、それに合わせておすすめするので、単価アップもあまり起こりません。

それは否定しませんが、全部がそうではないとも思います。

ギフトでも複数購入する方もいるし、しない方もいる。ギフトでお探しだからといって、ひとつしか買わないと決めつけなくてもいいと思うのです。

皆さんは、今まで接客してきて、ギフトで複数購入されたお客様はひとりもいらっ

しゃらなかったでしょうか。

「この際だから」とたくさん購入された方。「もうひとりへも」と、ギフトをふたつ購入された方。1点だと気に入ってくれるか不安だからと、2点購入された方。自分用にもと、ギフトと自分用に買ってくださった方。

よくよく考えると、絶対1点しか買わないというわけではなさそうです。

また、ギフトを探されているとお聞きし、「ご予算などございますか?」と質問した場合、返ってきたその予算を超えてはいけないと、予算よりも低価格なものをおすすめしていませんか?

自分自身の買い物でもそうだと思うのですが、予算5000円と決めていても、もし、とても気に入ったものが5500円で、まあまあな商品が4500円だった場合、とても気に入った5500円のほうを選ばれる方も多いのではないでしょうか。

あくまでも予算は目安です。 その目安を元に、お客様のご要望に沿ったものを予算より低いけれど、何かと合わせておすすめできるもの。少し高いけれど、ご要望を考えるとお見せしたいもの。さまざまな角度からおすすめしてみましょう。

それにお客様は、その日の買い物を、その予算ですべてまかなうとは言われていません。予算通り5000円の商品をおすすめして、購入が決まったら、そこで終わりではなく、「もしかしたら、もう1点ギフトが必要かもしれない」「ご自分の買い物もしたいかもしれない」「どうせなら、もう少しプラスして何か贈りたいと思われるかもしれない」と想像してみましょう。

1点の予算にとらわれて、そのほかの買い物があるかどうかを確認しないというのは、もったいないことです。

そのチャンスを引き出すのは、お客様への一言。

「ほかにお探しのものはなかったですか?」「せっかくですから、ご自分用もご覧になっていきませんか?」という声かけです。その一言で、もう1点のチャンスが生まれます。

ギフトのお客様は顧客にならないということも聞きますが、「ギフトを買う時は、まずはここに来てみよう」と思っていただけるくらい記憶に残る接客ができたら、それは顧客になっていただけたと言えるのではないでしょうか。

ギフトは、自分のものでないからこそ、いつも以上に悩む方がとても多いもの。

だからこそ、お客様が「これにします」と言われたら、「いいものを選ばれましたね」「喜んでくださいますね」「きれいにお包みさせていただきますね」「いっぱい悩んで疲れましたね。その分、気に入ってくださるといいですね」と、お客様をねぎらい、安心させる一言をお伝えしましょう。

後日、再来店していただき、「先日のプレゼント、渡したらとても喜んでくれました！」というお客様の声が聞けるような接客ができたらいいですね。

お連れ様を飽きさせない。一緒に巻き込んだほうがみんな安心できる

私は、洋服の買い物は基本ひとりで行きます。

理由はいろいろありますが、一番の理由は時間を気にせずにゆっくり買い物ができるからです。

友達と行った時は、「まだ、時間大丈夫かな」「飽きさせてないかな」「ほかに見たいお店があるんじゃないのかな」など、気になって買い物に集中できないのです。

グループで買い物に来るお客様の中には、そんな悩みを持つ方も多いのではないかと思います。

また、お子様連れで買い物に来る方では、自分の洋服を買う時間をやっと取ることができたのに、お子様から目を離せなかったり、一緒に来ているご主人を待たせられずに、結局満足に試着もできず、「また来ます」と買い物をあきらめている姿を見か

けたりします。

そういったお客様に気兼ねなく、ゆっくり買い物を楽しんでいただけたら、きっと客単価は上がります。

友達やカップルでのご来店の場合、どうしてもひとりの方がご試着中は、もうひとりは手持ちぶさたになってしまいがちです。特に、レディスブランドのお店で、男性ひとりがただ待つというのは大変苦痛だと思います。

そんな時はぜひ、**お待ちいただいているお客様にもお声かけして、お話してみましょう。**近しい間柄でしょうから、今、ご試着いただいているお客様のふだん着ているお洋服など、好みも知っているはず。そんなことをお聞きするのもいいですし、同性の友達なら、店内の商品をおすすめして、「せっかくですから、ご試着で遊んで行ってください」とお伝えするのもありです。

異性のご家族や友達の場合は、試着していただくことはできませんので、「お待たせしてすみません」とお伝えしつつ、世間話などを振ってみたり、試着されているお客様について質問してみます。

そこで、会話を楽しまれているようでしたら、お話をさらにお聞きし、会話を面倒だと感じていると察したら、座る場所などがあれば、そちらにご案内します。

今はスマホで時間をつぶす方がほとんどなので、居場所を提供するだけで喜んでいただけます。

お子様の場合、小学生くらいになれば自分の意見を言ってくれるので、「お母さん、どれが似合うと思う?」「どっちが似合っていた?」などと聞いて、試着を一緒に見てもらうと、飽きずに一緒に選んで楽しんでもらえます。

でも、もっと小さなお子様だと、少しの時間でもじっとしていることは難しいですよね。ただ、売場は小さなお子様にとって危険がいっぱいですから、できるだけ動きまわっていただきたくないのが本音。そのために、折り紙や絵本など、夢中になってくれるものを用意しておくのも手です。

いずれにしても、**お連れの方も一緒に楽しんでいただけるには、どうしたらいいのかを考え、巻き込むこと**がベストです。

「このお店だったら、友達や家族と来ても、待たせていることを苦痛に思うことなく買い物が楽しめる」と思っていただけると、再来店にもつながります。

特に、買い物になかなか出かけられない、小さなお子様をお持ちのママは、まとめ買いにもつながります。さらには、友達やご家族が商品に興味を持ってくれることも期待できます。

目の前のお客様はもちろん、友達もご家族も楽しんでいただける接客で、ぜひゆっくり買い物を楽しんでいただきましょう。

●・・・・・・●

「楽しい時間」も買い物のうち。自分が一番楽しむ

「売る」という行為は、「買う」というお客様の意思があって成立することです。

当たり前ですが、こちら側がいくら売りたいと思っても、お客様に買いたいと思っ

ていただけなければ売れません。

では、**どんな気持ちの時にお客様が買いたくなるかというと、ワクワクだったり、ドキドキだったり、希望が感じられたり、未来を想像できたり。そんな、いつもとは違う、高揚感を感じる時だと思うのです。**

そして、実はそのワクワクドキドキは、買われる方以上に、売るほうがワクワクドキドキしていなければ、お客様には高揚感を感じていただけないのです。

実は、よく売る販売員も、いつでもどんな時でも売れるわけではないのです。たとえ売れない時があったとしても、「次は売れる」と気持ちを切り替えて、笑顔になれるから売れるのです。

「次は売れる」と思えると、商品をたくさん見せることや、たくさんおすすめすることに不安がなくなり、自然と楽しく接客できるようになります。心から楽しんで接客できると、よりお客様をワクワクさせることができるので、無理に「買わせよう」としなくても、自ずとたくさん買っていただけるのです。

まずは**お客様との会話を、心から楽しむことに躊躇しないでください。**

「いいな」と思ったら、「いいですね！」と伝える。「素敵だな」と思ったら、「素敵ですね！」と伝える。

商品説明は大事ですが、ただ説明するだけでなく、さらにそこに感情を乗せることができる人が、たくさん売れる人なのだと思います。自分が楽しくないと、お客様に「買いたい」という気持ちにはなっていただけないですよね。

そして、たくさん買っていただくことは、お客様も販売員も最高にワクワクすることなのです。

COLUMN 5

自社 EC をもっと活用しよう！

私もECを担当するまでそうでしたが、実店舗から見ると、「ECって何もしなくても売れる」という感覚があると思うんです。

実際はまったく違っていて、意外と手間がかかっています。

私は今、実店舗も担当しているので、その大変さも重々承知です。それを踏まえた上で、ECの大変さを痛感しています。商品・モデル着用撮影が大変。商品情報のアップが大変。言い出したらきりがありません。


なぜこんなことをお伝えするかと言うと、これだけ大変な思いをしてつくった情報を、店舗がもっと活用してくれたらいいなと思っているからです。

実は、ECサイトは商品情報の宝庫です。なぜかと言うと、実際の商品を見せずに売るために、たくさんの情報が必要だからです。

サイズや色、素材も詳しく書いてあります。モデル着用写真で、着こなしだってわかります。商品説明文は、そのまま接客に使えます。


ECが何もせずに勝手に売れていく時代ではなくなってきています。

私は、実店舗が強くなくては、ECも売れないと思っています。

だから、もっと自社ECをうまく使って、双方が売れるようになって欲しいと思っているのです。


オムニチャンネル化（オムニは「あらゆる」という意味。「実店舗とEC、どっちでも同じように買っていただけるようにしましょう!」ということ）は当たり前になってきました。

お客様が欲しい時に、買いたいところで、買える。それが一番ですよね。

エピローグ

「売れない」って弱音を吐いてもいい。でもそれじゃ毎日がつまらないから、「じゃあ、こういうことをやってみようよ」と伝えたくて、本書を書こうと思いました。

昔から、エイプリルフールが苦手です（騙すのも、騙されるのも、騙されている人を見るのも苦手です）。

なので、勝手に毎年4月1日は、なりたい自分ややりたいことを言っちゃう日にしていました。

なぜそんなことをするのかと言うと、「人は公言することで、行動や言葉が変わる」と聞いたからです。そして私には、どうしても叶えたい夢がありました。それは、接客・販売の本を出すことでした。

そこでここ数年は、毎年4月1日に、「本を出したいです」と、言い続けてきました。

なぜこんなにも、接客・販売の本を出したかったかという話をさせてください。

私は、こども服からはじまり、レディース、メンズの洋服売場を担当してきました。営業やVMD（ビジュアルマーチャンダイジング）などで、さまざまなお店と関わっていく中で、いろいろな方にお会いしました。

たとえば、こんなことがありました。

そのお店は、ずっと売上が悪く、撤退候補にもあがっていたお店でした。

会社で研修を行なった時、そのお店のスタッフが、「うちのお店に来て、見てくれませんか？」と声をかけてくれたのです。

私は上司に相談し、担当店舗ではないそのお店にしばらく定期的に通うことになりました。

初めてお店に行った日、売れた値札を貼りつけるノートはまったく埋まっておらず、そのスタッフは、「このノート、1ページ全部に値札が貼りつけられる日が来たらいいなあ」と言っていました。

「できるよ」

いつも店頭では、無責任に笑いながらそんなことを言う私ですが、この時は本気で、できると思ってそう伝えました。

なぜなら、研修会で初めて会った私に、勇気を出して声をかけてくれたということは、きっと、本当に売上を上げたいと思っているはずだからです。

だから、絶対に売れる人になると思ったのです。

そして、実際に目の前で売って見せ、売れると信じてもらえるような実例や体験を話し、お客様に伝わる言葉を選ぶ大切さなどを伝えました。

そのスタッフと関わって一ヶ月が経った頃、大きな売り出しがありました。販売応援に行くことも一瞬考えましたが、私はあえて、そのお店に行きませんでした。

絶対売ってくれると信じていたからです。

「報告をくれたらうれしいです」とだけ言って、報告の催促もせず、お店の閉店時間まで、携帯を握りしめてメールを待っていました。

やっと夜遅くに来たメールには、「予算行きました！」との報告。心からうれしくて、夜中に「やったー！」と叫んでしまいました。

後日、そのお店に行くと、ノートにびっしり貼られた値札を、笑顔で見せてくれました。

「夢が叶ったね」と私が言うと、「以前の私は、こんなんじゃなかったんです」と、そのスタッフは意外な話をしてくれました。

以前は、「とりあえず売場に立っていればいい。売上なんてどうでもいい」。そう思っていたそうです。

でも、担当の営業さんがとても親身になってくれたおかげで、少し頑張ってみようかなと思った時、偶然にも会社で私の研修があり、ダメ元で「お店に来て欲しい」と、伝えたそうなのです。

本当にとても一所懸命な方だったので、まさか「とりあえず売場に立っていればいい」と思っていたなんて、まったく想像できませんでした。

人は、売れないとそうなるんですよね。一所懸命な人ほど、売れない自分がつらくて、売上を見たくなくなります。

でも、何かのきっかけがあれば、「売れるかも?」って思えるかもしれないのです。

売上が上がらなくて自分を責めたり。

お客様に無視されて落ち込んだり。

どこが悪いのか?　どうしたらいいのかわからなくて涙が止まらなかったり。

毎日、毎日、お客様のために、チームのために、会社のために頑張っている販売員がたくさんいます。

そんな販売員に私が直接、声をかけて「大丈夫だよ」「こうやってみようか?」「こんなのどうかな?」と、笑ったり、悩んだり、泣いたり、落ち込んだり、喜んだりしながら、一緒に売場に立てる時間や機会にはどうしても限りがあります。

だからこそ、直接、伝えたくても伝えられない思いを一度にたくさんの人に繰り返し伝えられるツールが欲しいと願っていました。
頑張っているスタッフが、自分を責めるのではなく、褒めることができますように。
お客様との出会いを楽しみにできますように。
販売という仕事が、自分もお客様も、お互いを幸せにする仕事だと実感できますように。

それを伝えたくて、接客・販売の本を書きたいと願っていました。

つらくなった時に読み返したら、ちょっとだけでもワクワクする。「大丈夫」って、言ってもらえている気がする。そんなお守りみたいな本を書きたかったのです。

接客大好きと公言してはばからない私も、売れない日には、どつぼにはまるほど落ち込みますし、本当に疲れます。「私なんて、いないほうが売れるんじゃないか」と思ったりもします。

さらに、こんなにお客様のことを思っているのに、販売職に携わっていない人から、「販売員ってただ売りたいだけでしょう？」と言われたりすることがありました。

「そんなことない！」と大きな声で反論したかったのですが、できませんでした。たしかに、ただ売りたいだけと思われても仕方がない接客をしている人もいるかもしれないと思ってしまったのです。そう思うと、悲しくなりました。

しかし、そのスタッフだって押し売りのようなことをしたくてしているわけではないのです。その原因は「売れない」から。売れないから、押し売りのような売り方をしてしまうのです。

そして、そのつらさの一番の原因である「売れない」という言葉を口に出せない苦しさが、よりつらさを倍増させているんじゃないかと感じています。

でも、あえて言いますが、売れない時は「売れない」って言っていいんですよ。少なくとも、信頼できる仲間には愚痴っていいんです。

だけど、そのままだとずっと売れなくてしんどいままだから、販売のヒントを探して欲しくて、本書に詰め込みました。

売れる人は、売れない時にも「次は売れる」と思っています。それは、自分が売れる人だと信じているからです。

自分が売れる人だと信じられるようになるためには、まず「私は売れるんだ」と実感するしかありません。

本書が、そのきっかけになったらうれしいです。

最後に、今まで私に関わってくださったスタッフの皆さんには、感謝しても感謝しきれません。今の私が仕事を大好きでいられるのは、間違いなくスタッフの皆さんのおかげです。

わがままな私をいつもフォローしてくれるチームの皆様。

いつも新たな視点を示してくださるお取引先の皆様。

本の出版を快諾してくださった小杉社長。

本の出版を後押ししてくださった柴田昌孝先生。

いつも笑顔で、編集担当してくださった同文舘出版の津川様。

私は、本当にいろいろな方に助けられているなと感じています。本当にありがとうございました。

そして、本書を手に取り読んでくださった皆様に感謝いたします。いつかお会いできる日がありますことを楽しみにしております。

毎日、お店に笑顔で立っていること。それだけで、本当にすごいことです。お客様を笑顔にできるこの仕事に誇りを持っていきましょう。

2019年8月

久保田正恵

著者略歴

久保田正恵（くぼた　まさえ）

福岡県出身。1991 年アパレル会社に事務職として入社後、営業、VMD 担当を経て、現在は直営店と EC プロジェクト長を担当。店頭販売に携わることになったのが、30 歳からと遅いデビューだったため、とにかく毎日「どうしたら売れるようになるのか」を考え、資格取得やセミナー受講、売れる店長から実際に接客を学ぶことを積極的に行ない、売れる楽しさを実感する。自分自身が売れる楽しさを知ったことで、それを多くの販売員に伝えたいと、2008 年からアパレル接客講師業をスタート。個々の人に向けたリアルな改善フィードバックを大切にしており、伝えた瞬間の驚きや表情の変化を見る度に、まだ現場でできることはあると実感している。
2014 年より、『ファッション販売』（アール・アイ・シー）にて執筆。『商業界』『食品商業』（商業界）などにも寄稿。カラーコーディネーター、リテールマーケティング（販売士）検定、VMD インストラクター、繊維製品品質管理士（TES）、パーソナルカラリスト、メンタルヘルス・マネジメント検定、ネットショップ実務士など、接客や販売に役立つ資格を多数持つ。

お客様が本当に喜ぶ「客単価アップ」販売のススメ

2019 年 9 月 6 日　初版発行

著　者 ―― 久保田正恵

発行者 ―― 中島治久

発行所 ―― 同文舘出版株式会社

東京都千代田区神田神保町 1-41　〒 101-0051
電話　営業 03（3294）1801　編集 03（3294）1802
振替 00100-8-42935
http://www.dobunkan.co.jp/

ISBN978-4-495-54047-0

印刷／製本：三美印刷
Printed in Japan 2019